최고의
인간관계
를 만드는
26가지 기술

최고의 인간관계를 만드는 26가지 기술

재판 1쇄 발행 | 2013년 12월 20일
재판 7쇄 발행 | 2025년 08월 31일

엮은이 | 원혜정

발행인 | 김선희 · 대 표 | 김종대
펴낸곳 | 도서출판 매월당
책임편집 | 박옥훈 · 디자인 | 윤정선 · 마케터 | 양진철 · 김용준

등록번호 | 388-2006-000018호
등록일 | 2005년 4월 7일
주소 | 경기도 부천시 소사구 중동로 71번길 39, 109동 1601호
      (송내동, 뉴서울아파트)
전화 | 032-666-1130 · 팩스 | 032-215-1130

ISBN 978-89-98702-11-3 (03810)

· 잘못된 책은 바꿔드립니다.
· 책값은 뒤표지에 있습니다.

모든 문제는 인간관계에 있다

최고의 인간관계
를 만드는
26가지 기술

원혜정 엮음

MAEWOLDANG

상대방을 가르치려는 기색을 나타내지 않으면서 가르치고,
상대방이 모르는 것이라면 아는 것을 내색하지 마라.
상대방보다 현명해지도록 노력하되,
자기의 현명함을 상대방이 눈치 채게 해서는 안 된다.
- 체스터필드

· 책머리에 ·

　이 세상에 수많은 동물 중에서 아무런 생산적인 일을 하지 않고도 살아가는 동물이 있습니다. 하지만 그 존재는 언제나 사람들의 귀여움을 독차지합니다. 그것은 바로 강아지입니다.
　강아지는 사람에 대한 애정 표현 하나만으로도 사람들의 사랑을 듬뿍 받으며 살아가고 있는 것입니다. 아무런 바람 없이 상대방에게 순수한 관심을 보여주는 것이 친구를 만드는 비결이라는 것을 본능적으로 알고 있기 때문일 것입니다.
　상대방의 관심을 끌기보다는 상대방에게 순수한 관심을 보여주는 것이 친구를 만들 수 있는 가장 좋은 방법입니다.
　그런데 이 세상에는 상대방의 관심을 끌기 위한 헛된 노력에만 집착하는 사람들이 너무나 많습니다. 무언가를 바라는 마음으로는 그런 그릇된 노력에 아무리 힘을 기울여도 소용이 없습니다.
　본래 인간이란 상대방에게 관심을 기울이기보다는 자기 자신의 일에 더 많은 관심을 갖고 있는 것입니다. 우리가 오랫동안 서로에 대해 이야기를 주고받지만 깊은 속마음까지 주고받는 경우가 드문 것은 이러한 이기심이나 타인에 대한 경계 심리 때문입니다. 하지만 이쪽에서 진정한 관심을 보여줄 수만 있다면 상대편에서도 똑같이 관심을 나타내는 법입니다. 내가 상대방에게 관심을 갖고 있지 않는데, 어떻게 상대방이 나에게 관심을 가질 수 있겠습니까.

사람이라면 누구나 자기 나름대로의 생활 방식이 있고, 그 울타리 속에서 행복과 기쁨을 누리고자 하는 마음을 가지고 있습니다. 그런 상대방과 마음을 주고받기 위해서는 내가 먼저 상대방을 이해하지 않으면 안 됩니다.

인간관계에서 성공하는 비결 중 하나는 바로 상대방의 입장을 먼저 이해하고 자신의 입장과 상대방의 입장을 동시에 비교하며 사물을 대하는 능력이라고 했습니다.

이 책은 그러한 좋은 인간관계를 맺기 위해 어떤 노력이 필요한가를 이야기해 주기 위해 태어났습니다.

좋은 인간관계는 배달되는 선물이 아닙니다. 상대방의 호감을 사기 위해선 당신이 먼저 손을 내밀어야 합니다. 이제 당신의 진심 어린 관심으로 상대방에게 다가가십시오.

상대방도 당신의 손을 잡아줄 것입니다.

· 차 례 ·

상대방에게 순수한 관심을 나타내라 10
상대방의 이름을 분명하게 기억하라 27
상대방의 욕구를 불러일으켜라 40
상대방이 스스로 선택하고 결정했다고 느끼게 하라 47
상대방의 관심을 파악하라 57
상대방은 무엇을 원하고 있는가 63
상대방의 입장에서 생각하라 76
인간적인 마음에 호소하라 94
상대방이 최고라는 인식을 심어주자 103
상대방에게 기대를 거는 만큼 격려하라 109
함부로 남을 모욕하지 말라 115
누구에게나 장점은 있다, 그것을 칭찬하라 132
공치사와 칭찬을 구별하라 151

부드럽고 공손한 태도로 다가서라 158
가능한 논쟁은 피하자 173
자신의 잘못을 솔직하게 인정하자 183
상대방의 실수를 비난하지 말라 190
우정의 힘은 강하다 205
세상 어디에도 완전한 사람은 없다 212
좋은 친구는 충고를 아끼지 않는다 221
얼굴은 인격의 거울이다 224
마음은 행동을 조종하는 핸들이다 230
당신의 삶은 당신의 몫이다 234
적극적인 인생을 연출하라 240
중요한 일일수록 침착하게 처리하라 247
적극적으로 남을 도와라 251

상대방에게
순수한 관심을 나타내라

우리들은 늘 자기 자신에 대해서 지독한 관심을 갖게 마련이다. 그러므로 사람들에게 인기 있는 사람이 되기 위해서는 상대방에게 성실한 관심을 가져야 한다.

만약 당신 자신이 다른 사람들에게 어느 정도의 관심을 가지고 있는지를 알고 싶다면 다음의 물음에 대답해 보라.

'다른 사람들과 함께 찍은 사진에서 우리는 제일 먼저 누구의 얼굴을 찾는가?'

그리고 자신이 다른 사람들의 관심을 끌고 있다고 생각하는 사람은 다음의 물음에 대답해 보라.

'만약, 내가 오늘 밤 죽게 된다면 내 장례식에 올 사람은 과연 몇 명이나 될 것인가?'

또 이렇게 반문해 보라.

'내가 상대방에게 관심을 갖고 있지 않는데, 어떻게 상대방이 나에게 관심을 가질 수 있겠는가?'

무조건 상대방을 현혹시켜 관심을 얻으려 한다면 결코 참된 친구를 얻을 수 없다. 참된 친구란 그런 방법으로는 절대로 만들 수가 없는 법이다.

비엔나의 유명한 심리학자인 알프렛 아들러는 다음과 같이 말했다.

'다른 사람들에게 관심을 갖지 않는 인간은 고난 속에서 인생을 살아갈 수밖에 없다. 그런 사람은 상대방에게도 무거운 짐이 될 뿐이다. 왜냐하면 인간관계의 모든 실패는 그러한 인간들 사이에서 일어나기 때문이다.'

수많은 책들 속에서도 이 구절처럼 감명 깊은 내용을 찾기란 쉽지 않을 것이다. 당신도 틈나는 대로 이 구절을 되풀이해서 음미해 보라.

당신이 만약 친구를 얻는 방법을 배우고 싶다면 구태여 이 책을 읽어볼 필요도 없다. 당신도 그 방면에 가장 뛰어난 존재를 만나 보면 저절로 배울 수 있기 때문이다.

억지로 찾으려고 노력할 필요도 없다. 우리는 자주 그 존재와 접촉할 수가 있으며, 그 존재는 우리가 다가서면 반갑다고 꼬리를 흔들기 시작한다.

간혹 손으로 몸을 쓰다듬어주기라도 하면 신이 나서 어쩔 줄을 모라 한다. 이럴 땐 자신의 애정을 표시하기 위해 갖은 애를 쓰며 애교를 부린다. 이만하면 당신도 그 존재가 무엇인지를 대충 알 수 있을 것이다. 이 세상에서 아무런 일도 하지 않으면서 먹고 살 수 있는 동물은 개뿐이다. 닭은 알을 낳고 소는 고기를 생산하며 양은 젖을 생산해야 하지만, 개는 인간에 대한 애정 표현만으로도 충분히 살아나갈 수 있는 것이다.

카네기가 5세 되던 해 그의 아버지가 강아지 한 마리를 사주었다. 그 강아지의 존재는 그에게 무엇으로도 비교할 수 없을 정도로 큰 기쁨을 가져다주었다.

카네기는 그 강아지에게 티피라는 이름을 지어주었다. 그가 학교에 다니기 시작했을 때부터 티피는 오후 4시 30분쯤 되면 길가로 나와서 그를 기다렸다. 녀석은 그의 발자국 소리를 듣거나 도시락 통을 흔들며 달려오는 그의 모습이 보이기 무섭게 어디선가 마치 총알처럼 달려왔고, 주위를 돌며 반가워서 어쩔 줄 몰라 했다.

그러던 어느 날 밤, 티피는 카네기가 보는 앞에서 벼락을 맞아 죽었다. 티피는 5년 동안 카네기와 둘도 없는 친구 사이로 지냈다. 그가 가는 곳이면 언제나 티피가 함께 있었다. 그렇게 그림자처럼 따라다녔던 티피의 죽음은 그의 어린 가슴에 평생 잊지 못할 슬픔을 안겨주었다.

티피는 카네기의 유일한 친구였다. 티피는 그의 관심을 끌려고 하지도 않았다. 티피는 상대방에게 순수한 관심을 보여주는 것이 친구를 만드는 비결이라는 것은 본능적으로 알고 있었던 것이다. 상대방의 관심을 끌기보다는 상대방에게 순수한 관심을 보여주는 것이 친구를 만들 수 있는 가장 좋은 방법이다.

그런데 이 세상에는 상대방의 관심을 끌기 위한 헛된 노력에만 집착하는 사람들이 너무나 많다. 그런 부질없는 그릇된 노력에 아무리 힘을 기울여도 소용없다. 본래 인간이란 상대방에게 관심을 기울이기보다는 자기 자신의 일에 더 많은 관심을 갖는 법이다.

뉴욕의 전화 회사에서 고객들을 상대로 모종의 조사를 실시한 적이 있었다. 통화 중에 어떤 단어가 가장 많이 사용되는가를 알기 위한 조사였다.

조사 결과 통화 중에 가장 많이 사용되는 단어는 '나'라는 1인칭 대명사였다. 무작위로 뽑은 500통화 가운데서 '나'라는 1인칭 대명사가 무려 3,690번이나 쓰였다는 것이다.

가끔 단편소설 창작법을 강의하는 <콜리어즈> 지의 편집장은 소설책에서 아무 페이지나 펴들고 한두 구절만 읽어보면 그 작가가 인간을 좋아하고 있는지 아닌지를 곧 알 수 있다며 다음과 같이 말하곤 했다.

"작가가 인간을 좋아하지 않으면 그 작품을 읽는 사람들도 그 작품을 좋아하지 않습니다. 설교 같겠지만, 만약 여러분들이 소설가로서 대성하려고 마음먹었다면 반드시 다른 사람들에게 관심을 가질 필요가 있다는 것을 명심해 주시기 바랍니다."

그러나 사람을 다루는데 있어서는 소설을 쓰는 것보다도 3배 이상 상대방에게 관심을 가질 필요가 있다고 봐야 할 것이다.

하워드 더스틴은 유명한 마술사로서 40년 동안이나 세계 각지를 순회 공연하는 기록을 세웠다. 대략 6천만 명 이상의 관객들이 그의 공연을 관람했을 것으로 추정되는 그동안 이 마술계의 왕자는 2백만 달러의 수입을 올렸다. 누군가가 더스틴에게 마술계의 왕자로 군림하게 된 비결을 물어보았다. 그러자 그는 흔쾌히 그 비결을 말해 주었다.

다음은 그의 말을 요약한 것이다.

그는 어렸을 때 집을 뛰쳐나와 부랑아가 되었다. 그리고 화물열차에 무임승차하여 미국의 여러 도시를 전전하며 때로는 건초더미에서 잠을 자고 끼니를 구걸하는 생활을 하는 가운데 성인이 되었다고 한다. 그는 정규 교육을 거의 받지 못했다. 글을 읽는 법도 철도 연변에 세워진 광고판을 화물 열차 속에서 보고 간신히 깨우친 정도였다.

또한 그가 마술에 대한 천부적인 재능을 가지고 있었던 것도 아니었다. 그 전에도 마술에 관한 책이 수도 없이 출판되었을 뿐만 아니라, 더스틴보다도 마술에 대한 재능이 뛰어난 사람들도 꽤 많았다. 그러나 그는 다른 사람들이 흉내 내지 못하는 두 가지 장점을 지니고 있었다.

첫째는, 관객을 끌어들이는 그의 인품이다.

그는 뛰어난 예능인으로서 관객들의 심리를 잘 파악하고 있었다. 그래서 몸짓이나 이야기하는 태도, 얼굴의 표정 등 세세한 점에 이르기까지 미리 충분한 연습을 하고 무대로 올랐다. 그가 연습한 내용을 실연에 옮기는 데는 털끝만한 착오도 없었다.

둘째는, 인간에 대한 순수한 관심이었다.

더스틴이 보기에 대부분의 마술사는 관객들의 환호에 정중하게 감사를 표시하면서도 마음속으로는, '흥, 보아하니 얼간이 같은 인간들이 다들 모였군. 이런 인간들의 눈을 속이기란 누워서 떡 먹기지.'라고 생각하는 것 같았다.

그러나 더스틴 자신은 무대에 설 때면 다음과 같은 생각을 한다고 한다. '많은 관객들이 이렇게 와주시니 얼마나 고마운 일인가. 이분들 덕택에 내가 편안히 살아갈 수 있는 것이다. 그렇다면 최선의 연기를 보여드리는 것이 나의 도리이다.' 그는 무대에 올라설 때마다 마음속으로 '나는 관객을 사랑하고 있다.'는 다짐을 몇 번이고 되뇌이곤 했다고 한다.

어쩌면 당신은 이 이야기가 유치하다거나 혹은 우스꽝스럽다고 생각할지 모른다. 그렇지만 세계 제일의 마술사가 이용하고 있는 이 비법은 한 번쯤 진지하게 생각해 볼 가치가 있는 것이 분명하지 않은가?

슈만 하잉크 부인도 더스틴과 비슷한 말을 한 적이 있었다. 한때 정신적인 고뇌와 가난, 그 밖에도 여러 가지의 슬픔에 견디다 못한 하잉크 부인은 자식들과 함께 집단 자살을 시도한 적도 있었다. 그런 그녀가 온갖 역경을 무릅쓰고 꾸준히 노력하여 마침내 와그너 창법을 완벽하게 구사하는 세계적인 가수가 되었던 것이다. 그런데 그녀의 말에 따르면, 이러한 성공의 비결도 인간에 대한 순수한 관심에 있었다고 한다.
루즈벨트 대통령에 대한 미국인들의 절대적인 인기 비밀도 역시 인간에 대한 순수한 관심에 있었다. 그를 섬긴 적이 있던 흑인 하인인 제임스 A. 아모스는 《하인의 눈에 비친 영웅, 루즈벨트》라는 제목으로 책까지 썼는데, 이 책에는 다음과 같은 일화들이 있다.

'어느 날, 내 아내가 대통령에게 메추라기가 어떤 새인가 물어본 적이 있었다. 그러자 대통령께서는 메추라기에 대해서 너무나 자세히 설명해 주셨다. 그리고 며칠 뒤에 우리 집으로 전화가 걸려왔다. 아내가 전화를 받았는데, 대통령께서 직접 걸어주신 것이었다. 대통령께서는 지금 메추라기가 창 밖의 뜰에 앉아 있으니 (아모스 부부는 루즈벨트 저택 안의 외따로 떨어진 곳에 집을 짓고 살았다.) 창 밖을 내다보면 자세히 관찰할 수 있을 것이라며 일부러 전화까지 걸어서 알려주신 것이다.

이 사소한 사건은 루즈벨트 대통령의 인품이 어떠한지를 말해주고도 남음이 있었다. 또한 대통령께서는 우리 집을 지나치실 적마다 나의 모습이 보이거나 말거나 개의치 않고 반드시 "여보게! 제임스, 요즘은 어떻게 지내나?"라고 다정한 인사말을 던지곤 하셨다.'

이 정도로 자상한 주인을 좋아하지 않는 하인은 아마 이 세상에 아무도 없을 것이다. 또한 그런 사람이라면 하인들뿐만 아니라 다른 사람들까지도 충분히 매료될 만한 자격이 있다고 보여진다.

어느 날, 태프트 대통령 부처가 부재중일 때 전임 대통령이었던 루즈벨트가 백악관을 방문한 적이 있었다. 그는 자신이 대통령으로 있을 당시에 일했던 백악관 직원들을 일일이 찾아다니며 인사를 나누었다. 심지어는 주방에 근무하는 직원에 이르기까지 그 이름을 기억했고 친절하게 안부를 묻곤 했다. 주방에서 일하는 엘리스를 만났을 때 루즈벨트는 아주 반가운 기색으로 이렇게 물었다.

"엘리스, 지금도 옥수수 빵을 굽고 있소?"

"네, 하지만 지금은 우리들만 먹기 때문에 옛날처럼 자주 굽진 않아요. 새 대통령 부부께선 그것을 잡수시지 않거든요."

엘리스의 대답에 루즈벨트는 참 안됐다는 어조로 이렇게 말했다.

"아직 그 빵 맛이 어떤지 모르는 모양이군. 내가 대통령을 만나면 그걸 알려줘야겠는데!"

얼마 후 루즈벨트는 엘리스가 접시에 담아 정성껏 내놓은 옥수수 빵을 손으로 뜯어먹으며 대통령 집무실 쪽으로 걸어갔다. 가는 도중에도 정원사나 일꾼들을 만나면, 그 전과 조금도 다름없는 다정한 목소리로 한 사람 한 사람 이름을 불러가며 이야기를 주고받곤 했다. 백악관 직원들은 지금도 그때 일을 상기하며 감격에 사로잡히곤 하는데, 그중 하이크 후버라는 사람은 그때의 감격을 다음과 같이 표현했다.

"대통령이 바뀐 뒤, 그 2년 동안에 이렇게 기쁜 날이라고는 아마 없었을 것입니다. 우리들은 이 기쁨이 돈을 주고도 살 수 없는 것이라고 믿고 있습니다."

이쪽에서 진정한 관심을 보여줄 수만 있다면 상대편에서도 똑같이 관심을 나타내는 법이다.

브루클린 예술과학 학원에서 소설 창작을 공부하던 학원생들은 그 당시 유명한 작가들인 캐서린 노리스, 패니 허스트, 아이다 타

벨, 알베르트 페이슨 터슈, 루퍼트 휴즈 등으로부터 작가로서의 유익한 경험담을 듣고 싶어했다. 그래서 그들은 독자라는 사실을 밝히고 직접 작가들과 만나 작가로서 성공할 수 있었던 비결이 무엇인지 알고 싶다는 내용의 편지를 보냈다.

그 편지에는 150여 명의 원생들이 서명을 했고, 작가들이 강연 준비를 할 여유가 별로 없을 것이라는 예상 하에 이쪽의 질문을 표로 작성해서 같이 보내주었다. 이러한 학원생들의 정성이 마음에 들었던지 작가들은 먼 길을 마다하지 않고 브루클린까지 찾아주었다. 그리고 그들은 이와 같은 방법으로 루즈벨트 내각의 재무장관인 레슬러 M. 쇼와 태프트 내각의 법무장관인 조지 W. 워크샴을 비롯하여 윌리엄 제닝스 등의 여러 저명인사들을 초대하여 강연을 들을 수 있었다.

무릇 인간이란 자기를 칭찬해 주는 사람을 좋아하는 법이다. 한 예로서, 독일의 카이저(빌헬름 2세) 황제가 제1차 세계대전에 패하게 되자, 독일 국민들은 물론 그의 부하들까지도 그를 원수로 여겼다. 몇 백만 명이나 되는 사람들이 그를 증오한 나머지 그의 사지를 갈가리 찢어서 화형에 처해도 시원치 않다고 생각할 정도였다. 이러한 분노의 도가니 속에서 어떤 한 소년이 진심에서 우러난 위로의 편지를 황제에게 보냈다.

'다른 모든 사람들이 폐하를 어떻게 생각하든 저는 폐하를 언제까지나 저의 황제로서 경애합니다.'

이 글을 읽고 깊이 감동한 카이저는 그 소년을 꼭 한 번 만나고 싶다는 내용의 답장을 보냈다. 그리하여 그 소년은 자기 어머니와 함께 황제를 방문하게 되었다. 그들의 만남은 날이 갈수록 횟수를 더하였고 마침내 황제는 그 소년의 어머니와 결혼까지 하게 되었다.

그 소년으로 말하자면, 이미 사람을 움직이는 법을 터득하고 있었던 셈이었다. 이런 정도라면 구태여 시간을 내서 이 책을 읽을 필요도 없을 것이다. 친구를 얻고자 한다면 먼저 상대방을 위해 자기의 시간과 노력을 바치고 헌신할 수 있어야 한다.

영국의 윈저 공이 황태자로 있을 때의 일이다. 당시 윈저 공은 남미 순방 계획을 세우고 있었다. 외국에 나가서 그 나라의 언어로 사람들과 대화를 나눠야겠다고 생각한 윈저 공은 남미를 순방하기 몇 달 전부터 열심히 스페인어를 공부했다. 그러니 남미를 방문했을 당시 윈저 공의 인기가 하늘을 찔렀던 것은 지극히 당연한 일이 아니겠는가.

친구들의 생일을 모두 기억하고 있는 사람이 있다. 가령 어떤 친구의 생일을 알고 싶을 경우, 그는 점성술을 봐주겠다는 핑계를 대고 상대방의 생일을 묻는다. 만약 상대방이 몇 월 며칠이 생일이라고 한다면 마음속으로 외워두었다가 나중에 적당한 기회가 있을 때 생일을 메모지에 적어둔다.

그리고 그는 해가 바뀔 때마다 탁상용 달력에 그들의 생일을 모두 적어 놓는다. 이렇게 해두면 그들의 생일을 잊어버릴 염려가 없었기 때문이다. 그러므로 그들의 생일에는 그가 보낸 축전이나 축하 편지를 틀림없이 받게 된다. 이러한 방법은 예상외로 효과적이라는 게 축전을 받고 기뻐하는 친구들의 반응을 통해서 매번 증명되곤 했었다.

어쩌면 당신은 이러한 방법들이 실생활에 과연 도움이 될지 의문을 갖고 있을지도 모른다. 물론 도움이 된다. 그 실례는 얼마든지 있지만, 여기서는 다음의 두 가지 실례만을 들어보기로 하겠다.

뉴욕 은행에 근무하는 찰스 월터즈는 상부로부터 어떤 회사에 관한 조사를 명령받았다. 월터즈는 그 회사의 사정에 정통한 사람을 알고 있었다. 그 사람은 어느 공업회사의 사장이었다.

이윽고 월터즈는 그 사장과의 면담 약속을 얻어낼 수 있었다. 그런데 면담을 신청한 월터즈를 사장실로 안내한 젊은 여비서가 방을 나가기 직전에 사장에게 이렇게 말하는 것이었다.

"죄송하지만 사장님, 오늘은 드릴 우표가 없네요."

그러자 사장은 약간 실망한 기색을 보였다. 여비서가 나갔다. 사장은 월터즈에게 이렇게 설명했다.

"우리 아들이 우표 수집을 하기 때문에 편지 오는 게 있으면 비서가 봉투에 붙어 있는 우표를 떼어서 가져다주곤 한답니다."

사장은 월터즈가 방문한 용건에 대하여 물어보았다. 월터즈는 자신의 용건을 설명하고 질문을 시작했다. 그러나 사장은 그 회사의 사정에 대한 정확한 발언을 자꾸 회피하는 것이었다.

그 화제를 건드리기를 매우 꺼려하는 이상, 그에게서 어떤 정보를 얻기란 불가능한 일이었다. 결국 월터즈는 실망할 수밖에 없었다. 오랫동안 회견을 가졌지만 그가 얻은 소득이라고는 아무것도 없었다.

월터즈는 당시의 일을 다음과 같이 술회했다.

"솔직하게 말하자면 나로서도 어떻게 해야 좋을지 난감한 상황이었다. 무슨 좋은 방법이 없을까 생각하던 중, 나는 문득 여비서가 사장에게 했던 말이 생각났다. '우표, 사장의 아들, 낙심한 사장의 얼굴.' 그와 동시에 우리 은행의 외국과가 생각났다. 외국과에는 세계 각국으로부터 수많은 편지들이 오기 때문에 우표를 구하기란 그야말로 제격인 곳이었다.

다음날 오후, 나는 그 사장을 다시 찾아갔다. 그리고 이번에는 그의 아들을 위해서 우표를 가지고 왔노라고 말했다. 물론 대환영이었다. 설사 대통령이 그의 사무실에 찾아왔다고 해도 나를 맞이했던 것처럼 그렇게 친절하게 맞아주지는 않았을 터였다.

그 사장은 우표를 한 장씩 살펴보며 자기 아들이 매우 기뻐할 것이라고 흐뭇해했다. 그 사장과 나는 그로부터 30분 동안 우표에 관한 것은 물론 그의 아들에 대한 이야기도 나누었다. 그 뒤부터는 일사천리였다.

사장은 내가 먼저 이야기를 꺼내기도 전에 자기가 알고 있는 그 회사의 정보를 상세하게 들려주는 것이었다. 그리고 자신의 설명만으로는 뭔가 부족하다고 생각되는 부분이 있으면 부하 직원을 불러 물어보기도 했고, 다른 곳으로 전화를 걸어 정확한 정보를 얻어주기도 했다. 나는 그에게 아주 작은 관심을 기울임으로써 신문 기자의 표현대로, 이른바 특종을 낚은 셈이 된 것이다."

또 다른 예를 들어보자.

필라델피아에 살고 있는 C. M. 레이플은 어느 대단위 연쇄점에 석탄 연료를 팔기 위해 10년 동안이나 애써 왔다. 그러나 그 연쇄점의 한 중역이 연료를 다른 업자로부터 사들이고 있기 때문에 거래가 불가능하다며 그에게는 전혀 기회를 주지 않는 것이었다.

어느 날 저녁, 레이플은 친한 친구에게 찾아가서 연쇄점에 대한 평소의 불만을 토로하며 몹시 분개하기 시작했다. 심지어는 연쇄점이란 시민의 적이라고까지 욕을 하는 것이었다. 그렇다고 그가 그 연쇄점에 석탄을 팔려는 노력을 포기한 것은 아니었다.

친구는 그런 그에게 다른 방법을 사용해 보도록 제안했다. 그 방법이란 것은 '연쇄점의 전국적인 보급은 국가에 해로운가?' 라는 토론을 벌여보기로 한 것이었다. 이 토론에서 레이플은 연쇄점의 보급을 옹호하는 변호사의 역할을 맡게 했다.

그 토론회를 위해서 그는 평소부터 원수처럼 여겨오던 그 연쇄점의 중역을 다시 찾아갔다.

"오늘은 석탄을 팔아 달라는 부탁을 하러 온 것이 아닙니다. 다른 부탁이 있어서 이렇게 찾아왔습니다."

그 중역은 탐탁지 않은 얼굴이었지만 그는 개의치 않고 토론회에 대한 설명을 했다.

"실은 연쇄점에 대해서 토론회를 열게 되었는데, 선생님보다 더 적합한 분이 없을 것 같아서 이렇게 찾아왔습니다. 토론회에서 꼭 이겨야 하기 때문에 선생님의 도움이 절실히 필요하거든요."

다음은 레이플의 말을 그대로 옮겨 놓은 것이다.

면회 전에 그 중역은 내게 딱 1분간만 시간을 내주겠다는 조건으로 면회를 허락해 주었다. 그러나 내가 찾아온 취지를 밝히자, 그 중역은 나에게 의자를 권했다. 그와의 면회는 무려 1시간 47분이나 계속되었다.

그는 그동안에 연쇄점에 관한 책을 저술한 바 있는 다른 중역까지 불러서 자문을 구하는가 하면, 전국연쇄점협회에 조회하여 그 문제에 관한 토론 기록의 사본까지도 입수할 수 있도록 도와주었다. 그는 '연쇄점이 인류에 대해 참다운 공헌을 하고 있다고 확신하고 있으며, 나 또한 내가 하고 있는 일에 큰 보람을 느낀다.' 며 자신의 견해를 피력하기도 했다. 이럴 땐 그의 눈에 광채가 일기까지 했다.

마침내 내가 용건을 끝내고 그의 방에서 나올 시간이 되었다. 그는 내 어깨에 손을 얹고 문까지 전송해 주면서, 토론회에서 꼭 승리하기를 바란다는 말과 함께 나중에 꼭 그 결과를 알려 달라고 부탁하는 것이었다.

"한 번 꼭 찾아오세요. 석탄을 좀 주문했으면 하는데……."

이것이 그가 나에게 마지막으로 한 말이었다.

그것은 내게 있어서는 마치 기적과도 같은 일이었다. 내가 석탄에 대해서는 아무 말도 꺼내지 않았는데 저쪽에서 자진하여 석탄을 사주겠다는 것이었다. 10년이 걸려도 하지 못했던 일이 불과 2시간 동안에 이루어질 수 있었던 것이다.

물론 이 과정에서 레이플이 새로운 진리를 발견한 것은 아니었다. 이미 기원전 100년, 로마의 시인 파블릴리우스 시루스는 다음과 같이 갈파했었다.

'우리들은 늘 자기 자신에 대해서 지독한 관심을 갖게 마련이다.

그러므로 사람들에게 인기 있는 사람이 되기 위해서는 상대방에게 성실한 관심을 가져야 한다.'

진정한 관심만이 상대방의 마음을 열게 한다

이쪽에서 진정한 관심을 보여줄 수만 있다면 상대편에서도 똑같이 관심을 나타내는 법이다. 자신이 다른 사람들에게 어느 정도의 관심을 가지고 있는지를 알고 싶다면 다음의 물음에 대답해 보라. 다른 사람들과 함께 찍은 사진에서 우리는 제일 먼저 누구의 얼굴을 찾는가? 그리고 자신이 다른 사람들의 관심을 끌고 있다고 생각하는 사람은 다음의 물음에 대답해 보라. 만약 내가 오늘 밤 죽게 된다면 내 장례식에 올 사람은 과연 몇 명이나 될 것인가? 내가 상대방에게 관심을 갖고 있지 않는데, 어떻게 상대방이 나에게 관심을 가질 수 있겠는가? 무조건 상대방을 현혹시켜 관심을 얻으려든다면 결코 참된 친구를 얻을 수 없다. 참된 친구란 그런 방법으로는 절대로 만들 수가 없는 법이다.

상대방의 이름을
분명하게 기억하라

사람들의 호감을 사는 가장 평범하면서도 가장 중요한 방법은 상대방의 이름을 기억하고 불러줌으로써 상대방에게 자기 자신에 대한 중요성을 충족시켜준다는 방법이다.

누가 자신의 이름을 기억하고 불러준다는 것은 확실히 기분 좋은 일이다. 어떤 경우에는 그것이 칭찬보다도 훨씬 큰 효과를 나타내기도 한다. 반대로 상대방의 기분을 불쾌하게 만들기 때문에 말썽의 소지가 생겨나기 쉽다.

결혼 초대장이나 회갑 초대장을 보내는데, 받는 사람의 이름이 틀렸다고 생각해 보라. 누군들 그곳에 참석하고 싶은 마음이 들겠는가? 그 초대장은 십중팔구 책상 구석으로 밀려나게 될 것이다.

다음의 이야기는 상대방의 이름을 기억하는 것으로 크게 성공한 사례이다.

꽁꽁 언 땅은 눈으로 뒤덮여 있었고 차가운 바람이 살을 에는 듯한 어느 해 겨울, 뉴욕 주의 로클랜드에서는 불행한 사건 하나가 발생했다.

짐 팔리는 어떤 어린아이의 장례식에 참석하기 위해 마구간에서 말을 끌고 나오려던 참이었다. 이날따라 말은 고집스럽게도 꼼짝도 하지 않으려 했다. 짐은 고삐를 힘껏 잡아당겼으나 말은 끝내 요지부동이었다. 그는 할 수 없이 말의 뒤로 돌아가 엉덩이를 두 손으로 힘껏 밀었다. 바로 그때 말은 하늘 높이 뒷발질을 했고, 그 사나운 발길에 머리를 채인 짐 팔리는 그 자리에서 숨을 거두고 말았다. 그리하여 스토니 포인트라는 이 작은 마을은 그 주일에 두 차례의 장례식을 치러야만 했다.

짐 팔리는 아내와 세 아들에게 쥐꼬리만 한 보험금을 유산으로 남겼다. 때문에 아버지와 같은 이름을 가진 맏아들 짐은 이제 겨우 10살에 불과했지만 학교를 그만두고 벽돌공장의 직공이 될 수밖에 없었다. 그가 벽돌공장에서 하는 일은 나무틀 속에 모래를 다져 넣은 뒤, 그것을 햇볕에 내다 말리는 것이었다. 힘든 일이었지만 그는 부지런했고, 또한 아일랜드 사람 특유의 쾌활한 성격으로 많은 사람들의 호감도 얻을 수 있었다.

훗날 그는 정계로 진출했다. 그의 정계 진출에 힘이 되어준 재주라고는 자신이 만나는 사람들의 이름을 낱낱이 외울 수 있었던 뛰어난 기억력뿐이었다. 그 덕분에 고등학교도 나오지 못한 학력을 가진 짐은 4개 대학의 학위를 수여받기도 했으며, 48세가 되던 해에는 민주당의 전국위원장이 되었고 마침내는 미합중국 우정장관이라는 요직에까지 오르게 되었던 것이다.

어느 날 짐 팔리는 기자와 회견을 갖게 되었다. 그 자리에서 기자는 성공의 비결이 무엇이었느냐고 질문을 던졌다.

"부지런히 일한 결과였습니다."

"다른 무엇이 있는 것 같은데요?"

기자의 질문에 그는 반문했다.

"그렇다면 당신은 무엇이라고 생각하십니까?"

"선생님께서는 만 명에 가까운 사람들의 이름을 기억하고 계시는 것으로 알고 있습니다만……."

그는 이 말을 재빨리 정정했다.

"사실은 5만 명 정도가 맞다고 할 수 있지요."

짐 팔리는 스토니 포인트 군청의 서기로 근무한 적이 있었고 석고회사의 외판원으로 미국 전역을 돌아다니기도 했었다. 그렇게 많은 사람들과 접촉하면서 만나는 사람들의 이름을 자연스럽게 기억해 내는 방법을 터득했다는 것이다.

짐 팔리는 그 방법이 매우 간단한 것이었다고 덧붙였다. 그는 처음으로 인사를 나눈 사람의 이름과 가족 관계, 직업, 그리고 정치에 관한 의견 등을 반드시 알아낸 다음 그 내용들을 전부 기억해 두었다.

그리고 만약 그들 가운데 누구라도 우연히 만나게 되는 경우에는 비록 1년만의 만남일지라도 상대방의 어깨를 툭툭 치며 그의 가족에 관한 안부와 그가 기르고 있는 화초에 이르기까지 세세한 사항들을 자연스럽게 화제에 올려 친밀감을 불러일으킨다는 것이다. 그러니 자연히 그를 따르는 사람들의 수가 증가하는 것도 당연한 일이었다.

루즈벨트를 대통령으로 당선시키는데 있어서도 이런 짐 팔리의 영향력이 배후에서 막강한 역할을 했다는 이야기가 있다. 그는 루즈벨트가 대통령 선거전에 나서기 몇 달 전부터 서부와 서북부의 여러 주에 있는 사람들에게 매일 수백 통의 편지를 썼으며, 모든 교통수단을 이용하여 15일간에 걸쳐 20개 주를 방문했다. 그 여정을 거리로 환산하자면 무려 5만 킬로미터에 달한다.

짐 팔리는 어떤 도시에 도착하게 되면 곧바로 그 고장 유지들과 식사와 차를 나누며 진솔하게 대화를 나누었다. 그 모임이 끝나면 다시 다음 목적지로 떠나야 하는 매우 바쁘고도 고달픈 행보였다.

동부로 돌아온 다음에는 그동안 자신이 방문했던 지역의 민주당 대표들에게 편지를 보내 자신의 지원 유세에 참석했던 사람들의 명단을 보내 달라고 부탁했다. 그 명단에 적힌 사람의 숫자는 수만 명에 달했지만 그들은 한 사람도 빠짐없이 민주당 전국위원장인 짐 팔리로부터 친근감 넘치는 편지를 받아보게 되었다.

그리고 그 편지의 머리말은 받는 사람의 애칭인 '빌'이나 '조' 등으로 시작되었고, 마지막에는 짐(제임스의 애칭)이라는 서명을 하여 가까운 친구로부터 편지를 받는 것 같은 친밀감을 갖도록 해주었다. 인간이란 다른 사람의 이름 따위에는 신경을 쓰지 않지만 자신의 이름에는 굉장한 관심을 기울인다는 점을 짐 팔리는 일찍부터 간파하고 있었던 것이다.

상대방의 이름을 기억해 준다는 것은 앤드류 카네기의 성공 비결이기도 하다.

카네기를 일명 강철 왕이라고 부르기도 하지만, 실제로 그는 강철에 관해서 별로 아는 것이 없었다. 단지 그는 강철 왕인 자신보다도 강철에 관해서 몇 갑절이나 더 잘 알고 있는 수백 명의 기술자를 고용했을 뿐이었다.

그는 사람을 부릴 줄 알았고 결국은 그 재능이 그를 부호로 만들어주었다. 어렸을 때부터 그는 사람을 조직하고 통솔하는 재능을 갖고 있었다. 10세 때에 이미 인간이 자신의 이름에 대해서 지대한 관심을 갖는다는 사실을 깨닫고, 이것을 이용하여 사람들의 협력을 얻기도 했다.

어느 날, 그는 토끼를 한 마리 잡았다. 그런데 그 토끼는 얼마 안 있어 곧 새끼를 낳게 되었고, 토끼집은 새끼들로 가득 차게 되었다. 새끼들은 하루가 다르게 커 갔다. 그러자 걱정이 생겼다. 이제 겨우 10세가 된 어린 소년의 힘만으로는 토끼들이 먹을 풀을 뜯기가 벅찼던 것이다.

그는 한 가지 묘안을 짜냈다. 동네 아이들에게 토끼풀을 뜯어오면 그 이름을 토끼에게 붙여주기로 약속했다. 그 계획은 성공을 거두었다. 자기 이름이 붙은 토끼를 먹이기 위해 아이들이 열심히 풀을 뜯어 왔고 정성껏 보살폈다. 이제 카네기는 토끼들에게 신경을 쓰지 않아도 친구들이 알아서 먹이고 보살피게 되었던 것이다. 장성한 카네기는 결코 그때의 일을 잊지 않았기 때문에 자신의 이름에 애착을 갖는 인간의 심리를 이용하여 훗날 엄청난 부를 축적할 수도 있었다.

카네기가 펜실베이니아 철도회사에 기차 레일의 납품권을 따내기 위해 애쓰고 있을 당시 그 철도회사의 사장은 에드가 톰슨이라는 사람이었다. 카네기는 피츠버그에 거대한 제철 공장을 세울 때 그 제철 공장의 이름을 에드가 톰슨 제철소로 정했다. 그 결과 펜실베이니아 철도회사가 누구에게 레일의 납품권을 주었는지는 굳이 밝히지 않아도 알 수 있을 것이다.

그리고 얼마 후 카네기와 조지 풀맨은 침대차의 판매 성적을 올리기 위해 치열한 경쟁을 벌이게 되었다. 카네기의 센트럴 트랜스포테이션 회사와 풀맨 회사는 유니언 퍼시픽 철도회사를 상대로 서로 유리한 입장을 확보하기 위해 채산성을 무시하면서까지 판매 경쟁에 열을 올리고 있었다.

카네기와 풀맨은 유니언 퍼시픽 철도회사의 수뇌부와 접촉을 시도하기 위해 각자 뉴욕으로 갔다. 어느 날 밤, 세인트 니콜라스 호텔에서 이 두 사람은 서로 마주치게 되었다.

먼저 카네기가 말을 걸었다.

"풀맨 씨, 안녕하십니까? 내가 아무리 생각해도 우리 두 사람이 바보짓을 하고 있는 것 같군요!"

"그건 또 무슨 얘깁니까?"

풀맨이 의심스런 얼굴로 반문했다. 그러자 카네기는 평소부터 생각해 오던 일을 풀맨에게 털어놓았다. 즉, 두 회사의 합병을 제안한 것이다. 그는 서로 반목하며 무리하게 경쟁하는 것보다는 두 회사가 힘을 합치는 편이 훨씬 더 유익하다는 것을 열심히 설명했다. 풀맨은 반신반의하는 기색으로 카네기의 말에 귀를 기울였다.

이윽고 카네기의 설명이 모두 끝나자 풀맨이 물었다.

"그런데 새 회사의 이름은 뭐라고 부를 작정입니까?"

카네기는 그 물음에 선뜻 대답했다.

"물론 풀맨 파레스 회사라고 해야지요."

그는 어린 시절 토끼의 교훈을 잊지 않았던 것이다. 이 말을 듣고 풀맨의 얼굴에는 화색이 돌았다.

"그렇다면 내 방으로 가서 조용히 의논해 봅시다."

풀맨은 카네기를 자기 방으로 안내했다.

이처럼 카네기가 성공을 거둘 수 있었던 비결은 바로 상대방의 이름을 섣불리 취급하지 않고 존중해 주었다는 데 있었다. 카네기는 평소에도 자신의 밑에서 일하는 수많은 노동자들의 이름을 기억하는 것을 자랑으로 삼곤 했다. 또 하나의 자랑거리는 그가 기업을 운영하는 동안에는 파업이 한 번도 일어나지 않았다는 점이다.

인간은 자기 자신의 이름에 비상한 관심과 긍지를 지니고 있다. 그래서 어떻게 해서라도 후세에 자신의 이름을 남기려고 애쓴다. 구두쇠로 소문난 영화 제작자인 P. T. 버넘은 자기의 이름을 물려줄 자식이 없음을 늘 한탄해 오던 중 외손자인 C. H. 실레이에게 버넘의 이름을 물려받을 마음만 있다면 2만 5천 달러를 주겠노라는 제안을 했을 정도였다.

지금으로부터 약 200여 년 전에는 돈 많은 사람들이 작가에게 돈을 지불하고 '이 글을 ○○씨에게 바칩니다.'라고 쓴 헌사를 책에 기록해 넣도록 하는 것이 유행이었다. 뿐만 아니라 도서관이나 박물관의 소장품들 중에는 자신의 이름을 후세에 길이 남기고 싶어 하는 사람들이 기증한 물품들도 상당히 많다. 뉴욕 시립도서관의 아스터 콜렉션이나 레녹스 콜렉션 등이 바로 그렇게 번창했으며, 박물관 역시 마찬가지다.

  사람들은 다른 사람들의 이름을 그리 오래 기억하지 못한다. 왜냐하면 그들은 남의 이름엔 신경을 쓰지 않기 때문이다. 그런데 당신은 프랭클린 루즈벨트보다도 더 바쁜가? 아마도 그 정도는 아닐 것이다. 그는 타의 추종을 불허할 정도로 분주한 하루를 보내는 사람이었다. 그러면서도 우연히 마주친 일개 자동차 정비공의 이름을 기억하기 위해서 기꺼이 시간을 바친 사람이기도 하다.

  크라이슬러 자동차회사에서는 휠체어를 사용하는 루즈벨트를 위해 특별히 고안된 승용차를 제작한 적이 있었다. 그때 W. F. 캠벌린이 정비공 한 사람을 데리고 그 차를 대통령 관저까지 직접 배달하였다.
  캠벌린은 그때의 광경을 다음과 같이 설명하였다.

  '나는 대통령께 특수한 장치를 이용한 자동차 조종법을 가르쳐 드렸을 뿐이지만, 대통령은 나에게 인간의 마음을 조정하는 법을 가르쳐주셨습니다. 처음 대통령을 만나는 순간, 나는 잔뜩 긴장할 수밖에 없었습니다. 그런데 대통령은 친밀한 어투로 내 이름을 불러주셨습니다. 솔직히 저는 그분이 다정하게 이름까지 불러가며 자동차에 대해 여러 가지로 질문을 해주셨기 때문에 긴장감을 다소 누그러뜨릴 수가 있었습니다.

그분은 나의 설명에 깊은 관심을 가지고 끝까지 경청한 후, 직접 시운전을 하며 백악관을 한 바퀴 돌았습니다. 그리고 영부인과 노동부 장관인 파킨스 여사를 비롯한 주위 사람들에게 그 자동차의 새로운 장치에 대해서 자신이 아는 대로 설명을 해주셨죠. 그리고 훌륭한 자동차를 만들어주어서 고맙다는 말을 아끼지 않았습니다. 그런 다음에 연방 은행의 사람들과 약속이 있는데 30분이나 기다리게 했다면서, 오늘은 이 정도로 끝내자고 나에게 양해를 구하는 것이었습니다.

그때 나는 정비공을 한 사람 데리고 갔었습니다. 그는 유난히 수줍음을 타는 성격이어서 대통령에게 한 번 소개된 뒤로는 다른 사람들의 뒤에 숨어 있기만 했었지요. 그러니 대통령은 그의 이름이라고는 그저 스치듯이 단 한 번밖에는 들은 일이 없으신 셈이지요.

그런데 내가 작별인사를 하고 물러서려 하자, 대통령은 그 정비공의 이름을 또렷하게 부르며 자기 곁으로 오게 하더니 굳은 악수와 함께 치하를 하는 것이었습니다. 그분의 행동 하나하나가 겉치레가 아닌, 마음속으로부터 우러나오는 진심이었다는 것을 그 정비공과 나는 분명히 느낄 수 있었습니다.

뉴욕으로 돌아온 지 며칠이 지난 후, 나와 정비공은 그분과 함께 찍은 사진이 들어 있는 대통령 친필 감사장을 받았습니다. 그토록 바쁘신 대통령께서 이렇게 작은 일까지 신경을 써주신 것에 대하여 우리는 더욱더 몸 둘 바를 모르게 되었습니다.'

프랭클린 루즈벨트는 사람들의 호감을 사는 가장 간단하고 평범하면서도 가장 중요한 방법을 터득하고 있었다. 그것은 상대방의 이름을 기억하고 불러줌으로써 상대방에게 자기 자신에 대한 중요성을 충족시켜준다는 방법이다. 그런데 이런 이치를 알고 있는 사람이 이 세상에 도대체 몇 명이나 될까?

처음으로 어떤 사람을 소개받고 2~3분 동안 이야기를 나누다 돌아설 때면 상대방의 이름이 생각나지 않는 경우는 아주 흔하다. 그러나 정치가의 경우 이것은 치명적이다. 자기에게 표를 줄 사람들의 이름을 잊어버린다는 것은 곧 자기 자신이 유권자들에게서 잊혀질 수밖에 없다는 것을 의미한다.

상대방의 이름을 기억한다는 것은 사업이나 사교에 있어서도 정치 못지않게 중요하다.

나폴레옹 3세는 나폴레옹 1세의 조카로서 자신이 소개받은 사람들의 이름을 전부 기억하고 있다고 늘 장담하였다. 그가 이름을 기억하기 위해 사용하는 방법이란 지극히 간단했다. 상대방의 이름을 분명히 알아듣지 못했을 경우에는 '미안하지만, 다시 한 번만 말씀해 주십시오.' 라고 부탁한다. 만약 그 이름이 좀 이상하거나 특이하다고 생각되면 그 철자법까지도 물어본다. 또한 상대방과 이야기하는 도중이라도 그는 몇 번이고 상대방의 이름을 되풀이해 불러보며 상대방의 얼굴과 표정, 체격 등을 머릿속에 기억해 두려고 노력한다.

만약 상대방이 중요한 인물이라면 더욱 주의를 집중한다. 그리고 자기 혼자 남게 되면, 곧 메모지에 상대방의 이름을 기입해 놓고는 정신을 가다듬고 계속 그 이름을 외운다. 이윽고 상대방의 이름과 특징들을 완전히 기억할 수 있게 되면 그 메모지를 찢어버린다. 그는 이처럼 눈과 귀를 동원하여 상대방의 이름을 기억하려고 노력했다.

이런 방법은 상당한 시간을 요하는 방법이기는 하지만, 에머슨의 말처럼 '좋은 습관은 적은 희생들을 쌓아올림으로써 길러지는 것' 이라는 사실을 기억해 두기 바란다.

사람은 누구나 자신의 이름에 애착을 가진다

　사람들의 호감을 사는 방법 중 가장 간단하고 평범하면서도 가장 중요한 방법은 상대방의 이름을 기억하고 불러줌으로써 그로 하여금 자기 자신에 대한 중요성을 만족시켜주는 것이다.

누가 자신의 이름을 기억하고 불러준다는 것은 확실히 기분 좋은 일이다. 어떤 경우에는 그것이 칭찬보다도 훨씬 큰 효과를 나타내기도 한다. 반대로 상대방의 이름을 잊어버리거나 잘못 쓰는 경우에는 마땅히 상대방의 기분을 불쾌하게 만들기 때문에 말썽의 소지가 생겨나기 쉽다.

성공을 거둘 수 있었던 비결은 바로 상대방의 이름을 섣불리 취급하지 않고 존중해 주었다는 데 있다는 것을 명심하라.

상대방의 욕구를 불러일으켜라

상대방의 욕구를 불러일으키는 사람은 만인의 지지를 얻는 데 성공할 것이고 그렇지 못한 사람은 단 한 사람의 지지도 얻지 못할 것이다.

'상대방의 입장이 되어볼 수 있고, 상대의 마음을 이해할 수 있는 사람이라면 장래를 걱정할 필요가 없다.'

오웬 D. 영의 말이다.

만약 당신이 스스로 상대방의 입장이 되어볼 수 있고, 상대의 입장에서 사물을 볼 수 있는 능력을 터득할 수만 있다면, 그것으로 성공에의 첫발을 내디딘 것이나 다름없다.

카네기가 뉴저지 주의 뉴워크 시에 있는 캐리어 냉·난방기 제조회사에서 대화술에 대한 강의를 했을 때의 일이다. 수강생들은 갓 대학을 졸업한 신입사원들이 대부분이었다. 카네기는 그중에서 한 사람을 지목해서 취미를 물어보았다. 그는 자신의 취미가 농구라는 대답을 했다. 카네기는 다시 그를 보며 그의 동료들에게 본인의 취미인 농구를 함께 하자고 권해 보라고 시켰다. 그는 잠시 우물쭈물하더니 다음과 같이 말했다.

"여러분이 나와 함께 농구를 했으면 좋겠습니다. 나는 농구를 좋아하는데, 언제나 인원이 부족해서 정상적인 게임을 할 수가 없었습니다. 며칠 전에는 두 사람이 볼을 주고받다가 한 사람이 눈에 볼을 얻어맞아 멍이 들었기 때문에 이번에는 나올 수가 없다는군요. 내일 밤에 시합을 하기로 했는데, 인원이 부족합니다. 여러분이 꼭 와주기를 부탁합니다. 나는 농구가 하고 싶어 죽을 지경이니까요."

그는 다른 사람으로 하여금 농구가 하고 싶다는 생각을 조금도 불러일으키지 못했다. 그가 아무리 농구를 하고 싶다고 해도 다른 사람들에게는 상관없는 일이다. 더구나 공에 맞아 눈에 멍까지 들었다는데, 그렇게 위험한 운동을 누가 하겠는가.

그는 왜 농구를 하면 어떠한 이익이 있을 것이라는 말을 하지 않았을까? 만약 그가 농구를 하면 기운이 난다든가, 식욕이 왕성해진다든가, 머리가 더 맑아진다든가, 아주 재미있는 운동이라는 등 여러 가지 이로운 점들을 알려주었더라면 여러 사람들의 호응을 얻었을지도 모른다.

여기서 오버스트리트 교수의 현명한 충고를 다시 한 번 상기해

보자.

'사람을 움직이는 최선의 방법은 먼저 상대방의 마음속에 강한 욕구를 불러일으키도록 만드는 것이다. 상대방의 욕구를 불러일으키는 사람은 만인의 지지를 얻는데 성공할 것이며 그렇지 못한 사람은 한 사람의 지지자도 얻지 못할 것이다.'

어떤 남자는 어린 아들 때문에 걱정을 하고 있었다. 그 아이는 편식이 너무 심했다. 그러다 보니 몸이 점점 약해졌다. 보통의 부모들이 흔히 그러듯이 그 아이의 부모도 아들에게 잔소리만 퍼부었다.

"엄마는 네가 음식을 골고루 먹었으면 좋겠는데……."
"아빠는 네가 몸이 튼튼해서 건강한 사람이 되는 게 소원이다."

이런 잔소리를 듣고 그 아이가 부모의 말을 따랐으면 그야말로 비정상이다. 부모의 생각을 5살짜리 아이에게 강요하는 것이 무리라는 것쯤은 누구나 다 알고 있는 사실일 것이다. 그럼에도 불구하고 이 부모들은 무조건 자신들의 생각을 아들에게 주입시키려고만 했던 것이다. 나중엔 그 아이의 아버지도 자기 자신의 어리석음을 깨달았던지 이런 생각을 하게 되었다.

'도대체 저 아이가 제일 원하는 것은 무엇일까? 어떻게 하면 저 아이가 원하는 것과 내 희망을 일치시킬 수 있을까?'

아들은 세발자전거를 가지고 있었는데, 틈만 나면 그 자전거를 타고 집 앞에서 놀았다. 그런데 이 아버지는 자신의 이웃에 아주 짓궂은 꼬마가 있어서 언제나 자기 아들의 자전거를 강제로 빼앗아 제 것처럼 타고 다닌다는 사실을 발견하였다. 종종 자전거를 빼앗긴 아들이 울고 들어오면 엄마가 달려가서 그 자전거를 다시 찾아주곤 했다. 이런 일이 거의 매일같이 되풀이되는 것이었다.

이 아이는 무엇을 제일 원하고 있는가?

이 문제를 풀기 위해서 굳이 셜록 홈즈의 신세를 질 필요는 없다. 아이는 그의 자존심, 분노, 자기 자신의 중요성에 대한 욕구 등과 같은 강렬한 감정에 지배당하고 있으므로 언젠가는 그 개구쟁이에게 복수를 하겠다는 결심을 품고 있는 것이다.

"아무거나 가리지 말고 먹으면 너도 그 애보다 기운이 더 세질 수 있단다."

아버지의 이 말 한 마디가 아이에게는 커다란 힘이 되었다. 아이는 그 개구쟁이를 때려주고 싶은 마음에 아무거나 잘 먹게 되었다. 이렇게 해서 아이의 편식은 쉽사리 해결될 수 있었다.

편식은 해결되었지만, 그 아버지는 곧이어 또 다른 문제에 부딪히게 되었다. 아이는 자면서 오줌을 싸는 버릇이 있었다. 할머니와 같은 침대에서 자는 아이가 아침이 되면 언제나 이불을 적시는 것이었다.

"너, 또 쌌구나."

할머니가 야단을 치면 아이는 이를 완강히 부정하며 오줌을 싼 것은 할머니라고 우겼다. 그럴 때마다 부모는 아이를 야단치거나 달래 보았지만 그 버릇은 여전했다. 그래서 그들 부부는 아들이 잠자리에서 오줌을 싸지 않도록 버릇을 고치는 방법을 궁리하게 되었다.

아들이 원하는 것이 무엇일까?

그 아이는 팬티만 입고 잤는데, 항상 아버지가 입는 것 같은 파자마를 입고 싶어했다. 그리고 또 아이가 갖고 싶어한 것은 자기 혼자 잘 수 있는 침대였다. 할머니도 이에 반대할 까닭이 없었다.

어느 날, 어머니는 아들을 데리고 백화점에 갔다.

"우리 아이가 물건을 사겠다고 하는데요."

어머니가 점원에게 눈짓을 하며 말을 건네자, 점원이 알았다는 표시를 하며 그 아이에게 공손히 인사를 했다.

"어서 오십시오. 무엇을 도와드릴까요, 도련님?"

점원의 깍듯한 응대에 자기 자신의 중요성이 배가된 아이는 아주 신이 나서 대답했다.

"제가 혼자서 잘 침대가 필요해요."

다음날, 침대가 집으로 배달되었다. 저녁이 되어 아버지가 돌아왔을 때 아들은 현관까지 뛰어나와 이렇게 소리쳤다.

"아빠, 어서 2층으로 올라가서 내가 산 침대를 구경하세요!"

아버지는 그 침대를 살펴보며 여러 가지로 칭찬의 말을 해주었다. 그리고 나서 엄격한 표정으로 아들에게 물어보았다.

"설마, 이 침대에서 오줌 싸는 건 아니겠지?"

아들은 결코 그런 일이 없을 거라고 약속했다. 그리고 그 약속은 지켜졌다. 그 후로는 잠자리에서 오줌을 싸는 버릇이 말끔히 고쳐진 것이다. 왜냐하면 아이는 어른처럼 파자마를 입고 있었으므로 어른처럼 행세하려고 노력했고, 더구나 자기 손으로 직접 고른 침대에서 잠을 자기 때문에 자기도 모르게 자제심이 발동한 것이었다.

더치만이라는 전화 수리공은 6살짜리 딸이 아침밥을 먹지 않아 애를 태우고 있었다. 속이 상한 부모들이 야단도 치고 달래보기도 했지만, 아무런 소용이 없었다. 더치만은 어떻게 하면 이 아이에게 아침밥을 먹일 수 있을까를 곰곰이 생각해 보았다.

아이는 소꿉놀이를 좋아했다. 어느 날 아침 그는 아이에게 직접 요리를 만들어보게 하였다. 그날 딸아이는 오트밀을 두 그릇이나 먹었다.

다시 한 번 강조하지만 사람을 움직이게 하는 최선의 비결은 먼저 상대방의 마음속에 강한 욕구가 일어나도록 만드는 것이다. 상대방의 욕구를 불러일으키는 사람은 만인의 지지를 얻는데 성공할 것이고 그렇지 못한 사람은 단 한 사람의 지지도 얻지 못할 것이다.

> **상대방의 마음속에 욕구를 불러일으키도록 하라**
> 누군가와 농구를 하고 싶다면 농구가 왜 좋은지를 최대한 부각시켜라. 그러면 상대방은 스스로 농구를 하고 싶어할 것이다.
> 사람을 움직이는 최선의 방법은 먼저 상대방의 마음속에 강한 욕구를 불러일으키도록 만드는 것이다. 상대방의 욕구를 불러일으키는 사람은 만인의 지지를 얻는데 성공할 것이며 그렇지 못한 사람은 단 한 사람의 지지자도 얻지 못할 것이다.

상대방이 스스로 선택하고 결정했다고 느끼게 하라

자신의 생각을 다른 사람에게 강요하는 것은 결코 좋은 결과를 얻어내기 힘들다. 어떠한 일이든 상대방에게 자신이 스스로 생각하고 선택했다는 느낌이 들게 하라.

사람이란 자기의 의사에 따라 결정하고 행동하길 원한다. 그러므로 다른 사람이 자신의 행동에 제약을 가한다든지 강제로 무엇을 하라고 시킬 경우에는 당연히 그렇게 해야 함을 알면서도 반대로 행동하는 경우가 생긴다. 물론 시키는 대로 한다면 자신에게 이익이 돌아올 것이라는 걸 알면서도 그렇게 하는 것이다. 그래서 상대방에게 어떤 일을 부탁한다든가 결정을 유도하기 위해서는 우선 그가 무엇을 원하고 있는가에 대해서 서로 상의해 보는 것이 좋다.

유진 웨이슨의 경우를 들어보자.

실내 장식가들에게 실내 장식 스케치를 판매하거나 중개하는 일을 직업으로 삼고 있는 그는 단순한 이 진리를 알지 못한 탓에 몇 년을 고생한 적이 있다.

웨이슨은 뉴욕의 일류 장식가인 어떤 사람을 매주 한 번씩 3년이 넘도록 방문하여 스케치를 보여주었지만 단 한 번도 긍정적인 대답을 듣지 못했다.

"그 사람은 내가 그렇게 찾아갔는데도 한 번도 싫은 내색을 하지 않았습니다. 그렇다고 내 물건을 호평하거나 사준 적도 없었지요. 오히려 내가 가지고 간 스케치를 볼 때마다 언제나 '이번 것도 힘들겠는데요.'라고 하더군요."

실패를 거듭하면서 그도 깨달은 바가 있었다. 아직 완성되지 않은 스케치 중 괜찮다고 여겨지는 대여섯 장을 골라서는 그 장식가에게 달려갔다. 그에겐 획기적인 방법이었다. 그는 자신이 골라온 미완성 스케치를 장식가에게 펼쳐보이며 말문을 열었다.

"이번에는 부탁드릴 것이 좀 있어서 찾아뵙게 되었습니다. 아직 완성하지 않은 스케치 몇 장을 가지고 왔는데, 용도에 맞게 완성시키려면 어떻게 해야 좋은지 모르겠습니다. 고견을 말씀해 주신다면 무척 고맙겠습니다."

이 말을 들은 장식가는 스케치를 한 장씩 주의 깊게 살펴보더니 이렇게 말했다.

"그러시다면 며칠 뒤에 다시 오세요. 그때 말씀드리겠습니다."

웨이슨은 사흘 뒤 다시 그를 찾아갔다. 그리고 그의 의견을 최대한 반영하여 스케치를 완성시켰다. 며칠이 지나자 그 장식가에게서 연락이 왔다. 자신이 의견을 제시한 스케치 전부를 사겠다는 것이었다. 웨이슨은 처음으로 그 장식가에게 스케치를 팔게 되었고, 그 덕분에 1,600달러의 수수료를 벌게 되었다.

"내가 그토록 오랫동안 찾아다니면서도 그 장식가에게 단 한 장의 스케치를 팔지 못한 이유가 어디에 있었는지 알게 되었습니다. 나는 그동안 내 스케치가 실용적이면서도 획기적인 것이라며 덮어놓고 사달라고만 졸랐던 것입니다. 그러나 지금은 다릅니다. 그때와는 정반대의 방법을 사용하는 거지요. 그의 의견을 최대한 참고하여 스케치를 완성합니다. 그렇게 되면 완성된 스케치는 그에게 자신의 창작품처럼 여겨지게 되고, 그만큼 애착도 가지게 되는 것입니다. 그런 방법으로 나는 그 장식가에게 내 물건을 파는 게 아니라 그 사람이 내 스케치를 사도록 만드는 것입니다."

롱아일랜드에서 중고차 위탁 판매업을 하고 있는 사람도 이와 비슷한 방법으로 성공을 거둔 적이 있다.

어느 스코틀랜드 사람이 중고차를 사러 왔는데, 보여주는 차마다 매번 트집만 잡고 차는 사지 않았다. 이 차는 마음에 안 든다, 저 차는 너무 비싸다, 또 다른 것은 엔진이 신통찮다 등 언제나 트집만 잡으며 피곤하게 굴었다.

대인관계 강좌의 수강생이었던 그는 여러 사람에게 구원을 요청했고, 수강생들은 다음과 같은 해결 방안을 내놓았다.

'스코틀랜드 사람에게 자동차를 팔려고 애를 쓸 것이 아니라 그가 자진해서 사도록 만들어야 한다. 그러기 위해서는 파는 사람의 권유에 의해서가 아닌, 사는 사람이 직접 차를 선택했다는 생각을 갖게 해야 한다.'

그리고 세부 계획까지 짰다.

며칠이 지난 후, 어떤 손님이 새 차를 사게 되었다며 자신의 중고차를 팔아달라고 찾아왔다. 차를 살펴본 그는 그 중고차가 스코틀랜드 사람에게 맞을 거라는 생각을 했고, 계획했던 대로 밀고 나가기로 했다.

그는 곧바로 스코틀랜드 사람에게 전화를 걸었다.

"선생님께서는 차에 대해 모르는 것이 없을 정도로 빈틈이 없으실 뿐만 아니라, 가격을 매기는 데도 합리적이리라 믿습니다. 그래서 부탁을 드리는 것인데, 방금 어떤 고객께서 차를 맡겼습니다. 그 차를 한 번 살펴봐주시고 가격도 어느 정도가 적당한지 정해 주시면 고맙겠습니다."

스코틀랜드 사람은 매우 기뻐하면서 그 부탁을 들어주겠노라고 했다. 그가 자동차를 살펴보려 매매 센터로 나왔을 때는 환한 미소를 머금고 있었는데, 자신의 능력을 인정받았다는데서 오는 기뿜의 미소였다. 그는 차의 내부를 구석구석 살펴보기도 하고, 직접 시운전을 하며 엔진 상태를 점검하는 등 꼼꼼하게 살폈다.

"300달러가 적당할 것 같군요. 성능도 좋은 편이고, 저 정도라면 누구라도 마음에 들어할 테니 파는 데도 문제가 없을 겁니다."

이 말을 들은 중고업자는 즉석에서 스코틀랜드 사람에게 제안을 했다.

"선생님도 차를 사려고 하니, 이 차를 사시면 어떻겠습니까?"
"300달러에 말입니까?"
"물론이죠."

그 자신이 300달러면 괜찮은 가격이고 성능도 좋다고 했으니 그 차를 사지 않으면 안 되게 되고 말았다. 그러니 그 흥정이 실패할 리가 있겠는가. 그렇게 해서 중고차 딜러는 까다로운 스코틀랜드 손님에게 차를 팔 수 있었다.

어느 세일즈맨이 이와 비슷한 방법으로 X-선 촬영 장비를 판매하는데 성공한 사례가 있다.

새로 건물을 건축한 브루클린 병원은 미국에서도 가장 시설이 좋고 훌륭한 방사선과를 만들 계획을 세우고 있었다. 이 사실이 알려지자 X-선 촬영 장비를 판매하는 세일즈맨들이 수도 없이 몰려와서 방사선과를 주관하고 있는 L 박사에게 자기네 제품의 장점들을 늘어놓기 시작했다.

그러나 한 세일즈맨은 독특한 방법으로 L 박사에게 접근했다. 그는 L 박사에게 다음과 같은 편지를 보낸 것이다.

'저희 회사는 최근에 새로운 종류의 X-선 촬영 장비를 개발했습니다. 그러나 아직은 저희가 원하는 만큼 완벽한 장비가 되지 못한다는 게 저희 기술진들의 의견이고, 그래서 좀 더 완벽을 기하고자 온갖 노력을 기울이고 있는 중입니다.

그런 노력의 일환으로 저희들은 X-선 촬영 장비가 제 성능을 충분히 발휘할 수 있도록 개선하기 위해서는 전문가의 자문이 필요하다는 데 의견 일치를 보았습니다. 여러 기술진들과 상의 끝에 방사선의 권위자이신 L 박사님의 자문을 구하기로 의견 일치를 보았습니다. 박사님께서 시간을 내시지 못할 만큼 바쁘신 줄은 알지만, 직접 X-선 촬영 장비를 살펴봐주시고, 용도에 적합하게 개선될 수 있도록 자문해 주시길 간청합니다. 편리하신 시간을 알려 주시면 모시러 가도록 하겠습니다.'

L 박사는 그 당시의 기분을 이렇게 말했다.

"이 편지를 읽고 나서 그들의 상술에 감탄했습니다. 그러면서도 은근히 고맙기도 했습니다. 나를 알아준 것이지요. 다시 말하면 지금까지 내 자문을 듣고 장비를 제작하는 사람은 한 번도 본 적이 없었던 것입니다. 그러니 내가 훌륭한 사람이라는 생각이 들게 되고 우쭐한 기분이 드는 것은 당연하지요.

병원 일로 무척 바쁘기는 하지만, 일부러 시간을 내서 그곳을 방문했습니다. 그 X-선 촬영 장비에 대해서 제작진들이 자세하게 설명해 주었지만 어느 누구도 나에게 장비를 구입해 달라는 부탁을 하지 않았습니다. 그러나 그 장비는 보면 볼수록 내 마음에 쏙 들었고 성능 시험 결과도 아주 좋았습니다. 그래서 병원을 위해 그 장비를 구입해야 되겠구나 하는 생각을 하게 되었습니다. 그 세일즈맨에게도 호감이 갔던 거지요."

에드워드 M. 하우스 대령은 윌슨이 대통령으로 있을 당시 대내외적으로 막강한 영향력을 발휘한 사람이었다. 윌슨 대통령은 누군가와 상의해야 할 문제가 생길 때마다 그의 각료들보다는 하우스 대령을 먼저 찾을 정도였다고 한다. 그렇다면 하우스 대령이 윌슨 대통령을 좌지우지할 수 있었던 비결은 무엇이었을까?

하우스 대령은 그 비결을 아더 스미스에게 공개하였고 스미스는 <새터데이 이브닝 포스트> 지에 투고하면서 하우스 대령의 말을 다음과 같이 인용했다.

"내가 대통령을 알게 된 후로 그분의 생각을 바꾸게 하는 가장 효과적인 방법은 내가 가지고 있는 생각을 아주 자연스럽게 그분의 마음속에 심어주어서 그가 스스로 선택하고 관심을 가진 것처럼 만드는 것이라는 사실을 깨닫게 되었다.

이런 사실은 우연한 기회에 알게 되었다. 어느 날 백악관을 방문하여 어떤 정책을 건의하게 되었는데, 대통령은 이 정책을 허가하지 않을 것처럼 보였다. 그리고 며칠이 지난 후, 어느 만찬에서 내가 건의했던 정책을 마치 자신의 생각인 것처럼 발표하는 것을 보고는 깜짝 놀랐다."

그렇다면 놀란 하우스 대령이 윌슨 대통령의 발표를 가로막으면서 '이것은 당신의 생각이 아니라 내 생각입니다.'라고 했을까? 그는 그런 눈치 없는 짓은 하지 않았다. 대신 윌슨으로 하여금 그 정책이 그가 생각해 낸 것이라는 의식을 계속 가질 수 있도록 내버려두었다. 그뿐만 아니라 그 정책은 언론들이 지지할 것이라며 오히려 추켜세우기까지 했다.

늘 만나는 사람도 우드로 윌슨과 똑같은 사람이란 사실을 염두에 두어야 한다. 하우스 대령의 기술은 누구에게도 통하기 마련이기 때문이다.

뉴브런즈윅에 사는 어떤 사람은 이 방법을 데일 카네기에 사용해서 성공한 적이 있었다.

그 당시 카네기는 뉴브런즈윅에서 낚시질과 뱃놀이를 즐기기 위해 교통공사로 여행 문의를 해놓은 상태였다. 그러자 관광업자들이 그의 주소를 알아내어 수십 통에 달하는 편지와 안내책자, 현지 캠프 안내원 등의 소개가 들어 있는 설명서들을 보내왔다.

카네기는 당황하고 말았다. 어느 쪽을 선택해야 될지 몰라 망설이고 있었는데, 어떤 캠프 관리자가 아주 교묘한 방법으로 그에게 접근했다.

그는 자신의 캠프에 머물렀던 몇몇 사람들의 이름과 연락처를 함께 적어 보내면서, 카네기가 직접 그들에게 전화를 걸어 그들의 의견을 들어보라고 권유하는 편지를 보낸 것이다. 그런데 신기하게도 그들의 이름 중에 카네기가 아는 사람의 이름이 들어 있었다. 카네기는 곧바로 그에게 전화를 걸어 의견을 들었고, 그곳으로 가기로 결정하게 되었다.

많은 사람들이 데일 카네기에게 상품을 팔려고 애썼지만, 그 사람은 카네기에게 스스로 상품을 고르게끔 했던 것이다. 그리고 그 방법은 성공했다.

당신의 생각을 다른 사람이 받아들이게 하기 위해서는 마치 그 의견이 그 사람 자신에게서 나온 것처럼 느끼게 해야 한다.

인간이란 다른 사람으로부터 받아들이는 생각보다는 스스로의 생각에 더 큰 신뢰감을 갖게 마련이다. 그러므로 자신의 생각을 다른 사람에게 강요하는 것은 결코 좋은 결과를 얻어내기 힘들다. 어떠한 일이든 상대방에게 자신이 스스로 생각하고 선택했다는 느낌이 들게 하라.

강요할 게 아니라 그가 스스로 선택하게 하라

당신의 생각을 다른 사람이 받아들이게 하기 위해서는 마치 그 의견이 그 사람 자신에게서 나온 것처럼 느끼게 해야 한다. 당신이 가지고 있는 생각을 아주 자연스럽게 상대방의 마음속에 심어주어서 그가 스스로 선택하고 관심을 가진 것처럼 만들어라.

인간이란 다른 사람으로부터 받아들이는 생각보다는 스스로의 생각에 더 큰 신뢰감을 가지게 마련이다.

상대방의 관심을 파악하라

어떤 사람의 호감을 사기 위해서는 그 사람의 관심이 어디에 있는가를 파악하여 그것을 화제로 삼는 것이 둘도 없는 지름길이라는 사실을 기억하라.

보이 스카우트에서 맹활약을 떨치고 있는 에드워드 L. 찰리프는 상대방의 관심이 무엇인지 안 것만으로 기대 이상의 도움을 받은 적이 있다. 다음의 편지가 바로 그것이다.

'다른 사람의 도움이 없으면 도저히 해결할 수 없는 문제에 봉착한 적이 있었습니다. 유럽에서 개최되는 보이스카우트 대회를 준비하던 때의 일입니다. 우리나라 대표로 1명의 소년을 참석시켜야만 했는데, 그 비용을 마련할 도리가 없었습니다.

나는 그 비용을 어느 회사의 사장으로부터 기부받기 위해 그를 찾아가기로 했습니다. 그런데 그 사장을 만나러 가기 직전 나는 그에 관해서 모종의 이야기를 들었습니다. 그 사장이 언젠가 1백만 달러의 수표를 끊은 적이 있었는데, 그 수표의 금액을 지불한 후에는 수표를 회수하여 사진틀에 걸어 놓았다는 것이었습니다.

 나는 사장실에 들어가서는 그 수표를 보여달라고 청했습니다. 1백만 달러짜리 수표! 그런 거액의 수표를 내 눈으로 직접 보고 왔다는 이야기를 보이스카우트 소년들에게 들려주고 싶다면서 말을 꺼낸 것이었습니다. 그 사장은 기꺼이 수표를 보여주었죠. 나는 최대한 감탄을 표시하며 수표를 끊게 된 경위를 자세히 들려주었으면 좋겠노라고 부탁했습니다.'

 위의 글을 읽은 사람이라면 이미 느꼈겠지만, 찰리프는 이야기의 서두에 보이스카우트나 유럽 대회, 또는 그 자신의 요구 사항에 대해선 아무 말도 하지 않았다. 오히려 상대방이 관심을 가지고 있는 것에 대해서만 이야기를 이어갔던 것이다. 그리고 그 결과는 다음과 같았다.

 '그 사장은 수표에 얽힌 사연을 자세히 들려주다 말고 갑자기 '그런데 무슨 일로 절 찾아오셨습니까?' 라고 내게 묻는 것이었습니다. 나는 그제서야 찾아온 목적에 대해 말했습니다. 그러자 놀랍게도 그 사장은 나의 간청을 두말없이 수락했을 뿐만 아니라 전혀 기대하지 않았던 것까지도 도움을 주겠다는 제의를 했습니다.

 나는 1명의 소년을 미국 대표로 유럽에 보내주기를 청했을 뿐인데, 그 사장은 나를 포함한 5명의 소년이 유럽 대회에 참가할 수 있도록 1천 달러짜리 신용장을 써주겠다는 것이었습니다. 뿐만 아니라 그 나라에 파견된 지사장에게 보내는 소개장을 써주며 우리 대표단 일행의 편의를 제공하도록 부탁까지 해놓았습니다. 그 이후로 그는 우리 단체의 적극적인 후원자가 되었고, 형편이 어려운 가정의 단원에게는 일자리까지 주선해 주었습니다.

 그런데 내가 만약 그 사장의 관심 소재가 무엇인지를 파악하지 못한 채 처음부터 도움을 요청했다면 그의 흥미를 끌지 못했겠지요. 뿐만 아니라 그처럼 쉽사리 접근하여 도움을 받을 수도 없었을 것입니다.'

"웨스트 베이 저택으로 시어도어 루즈벨트를 찾아간 사람들은 그의 박식함에 경탄을 금하지 못한다. 루즈벨트는 상대방이 카우보이건 의용 기병대원이건, 혹은 정치가나 외교관이건 어느 누구를 막론하고 그 사람에게 적합한 화제를 넘치도록 갖고 있었다."

 이것은 루즈벨트를 만나본 가말리엘 브래드포드의 감탄 어린 찬사의 말이다. 그런데 루즈벨트가 어떻게 그처럼 풍부한 화제를 지닐 수 있었을까? 그 의문에 대한 해답은 지극히 간단하다. 어느 누가 그의 집을 방문하겠다는 연락을 받게 되면 루즈벨트는 그 전날 밤부터 방문객이 좋아할 만한 문제에 관계되는 서적을 뒤적이며 연구를 한다는 것이다.

이처럼 루즈벨트도 다른 지도자들과 마찬가지로 사람의 마음을 휘어잡는 지름길은 상대방이 가장 깊은 관심을 갖고 있는 문제를 화제로 삼는 것이라는 점을 알고 있었다. 그렇다면 이 방법이 과연 상업적인 면에서도 실제로 응용될 수 있는가를 알아보기 위해 뉴욕 일류의 제과회사인 듀버노이 제과점의 헨리 G. 듀버노이의 예를 들어보기로 하겠다.

듀버노이는 뉴욕의 어느 호텔에 자기 제과점에서 생산한 빵을 납품시키기 위해 온갖 노력을 기울였다. 그는 4년 동안이나 그 호텔의 지배인을 찾아가 부탁을 했고, 그 지배인이 출석하는 회합에도 참석했으며, 그 호텔의 손님으로 투숙해 환심을 사려고도 했지만 모두가 허사였다.

듀버노이는 그때의 고충을 이렇게 이야기하고 있다.

"모든 수단이 허사로 돌아가자 나는 궁여지책으로 인간관계에 대한 연구에 착수했습니다. 그리고 전술을 바꾸기로 했습니다. 그 지배인이 관심을 가지고 있는 일이 무엇인가. 즉, 어떤 일에 몰두하고 있는가를 조사하기로 한 것입니다.

그 결과, 그 지배인은 미국호텔협회의 회원으로 등록되어 있다는 것을 알아냈죠. 그는 단순한 평회원이 아니었습니다. 호텔협회에 대한 열성적인 활동 경력을 회원들에게 인정받은 결과 그는 협회의 회장인 동시에 국제호텔협회의 회장까지 겸임하고 있었던 것입니다. 또한 그는 협회에서 개최하는 대회는 아무리 먼 곳이라도 꼭 참석하고야 마는 열성파였습니다.

  그 사실을 알게 된 나는 그 다음날, 그와 만난 자리에서 호텔협회에 대한 화제를 끄집어냈습니다. 반응은 정말 놀라울 정도였습니다. 워낙 바쁘다는 핑계로 단 5분도 시간 내주길 꺼려했던 사람이 눈에 열기를 띤 채 30분 동안이나 협회에 관한 이야기를 늘어놓는 것이었습니다. 그에게는 협회를 육성시키는 것이 더할 나위 없는 기쁨이며, 정열의 원천인 것처럼 느껴졌습니다.

  그는 나에게도 협회에 가입할 것을 권했는데 나는 그와 이야기를 나누는 동안 빵에 관한 이야기는 조금도 비치지 않았습니다. 그런데 며칠 후 호텔의 구매계로부터 전화가 걸려왔습니다. 나에게 빵의 견본과 가격표를 가지고 오라는 연락이었지요. 그 호텔의 구매계는 '당신이 무슨 수작을 부렸는지는 모르겠지만 지배인이 당신을 굉장히 마음에 들어 한다.'며 나에게 귀띔해 주는 것이었습니다.

  한 번 생각해 보십시오. 그 호텔과 거래를 맺기 위해 나는 4년이란 세월을 아무런 소득도 없이 그 사람의 꽁무니만 쫓아다녔습니다. 만약 그 사람이 무엇에 관심을 가지고 있는지, 어떠한 화제를 좋아하는지를 알아낼 생각을 하지 못했다면 지금도 헛되이 그를 쫓아다니며 거래를 트게 해달라고 졸라대고만 있었을 것입니다."

어떤 사람의 호감을 사기 위해서는 그 사람의 관심이 어디에 있는가를 파악하여 그것을 화제로 삼는 것이 둘도 없는 지름길이라는 사실을 기억하라.

상대방의 관심이 어디에 있는가를 파악하라
사람의 마음을 휘어잡기 위해서는 그 사람이 무엇에 관심을 가지고 있는지를 알고 그것을 화제로 삼는 것이 둘도 없는 지름길이다.
자신이 관심을 가지고 있는 분야가 화제로 떠오를 때 사람은 누구나 할 것 없이 눈에 빛을 발하고, 상대방에 대한 경계심을 금방 풀어버리게 되기 때문이다. 상대방의 관심이 어디에 있는가를 먼저 파악하라. 그것이 상대방의 마음의 문을 여는 열쇠이다.

상대방은 무엇을 원하고 있는가

우리들은 늘 자기 자신에 대해서 지독한 관심을 갖게 마련이다. 그러므로 사람들에게 인기 있는 사람이 되기 위해서는 상대방에게 성실한 관심을 가져야 한다.

사람의 마음을 움직이는 가장 효과적인 비결은 상대방이 스스로 움직이고 싶다는 기분을 갖게 만드는 것이다. 이것은 인간관계의 핵심이 될 수도 있는 전략이다. 물론 다른 사람의 가슴에 칼을 들이대서 비싼 손목시계나 지갑을 내주고 싶은 마음을 불러일으키게 한다거나, 종업원에게 해고시켜버리겠다고 위협함으로써 협력을 강요할 수도 있을 것이다. 하지만 그런 방법은 채찍을 들고 엄포를 놓음으로써 사람들의 행동을 조종하는 물리적인 것에 불과하다. 이런 식의 방법으로는 상대방의 반발심을 불러일으키기 때문에 결말 또한 좋을 수가 없는 것이다.

그러므로 사람을 움직이는 방법으로는 그가 원하는 것이 무엇인지를 파악하여 그것을 얻을 수 있다는 확신을 심어주는 것이 최선의 방법이다. 그렇다면 사람들은 무엇을 원하고 있는가. 대개 모든 사람들이 원하는 다음 몇 가지로 구분할 수 있는 것이다.

① 건강한 육체와 장수
② 음식
③ 수면
④ 물질적인 충족
⑤ 내세의 생명
⑥ 성욕의 충족
⑦ 자손의 번영
⑧ 자기 자신의 중요성

인간으로서 이러한 욕구들은 거의 다 스스로 해결할 수 있는 것인데, 한 가지만은 예외이다. 이 욕구는 음식이나 수면의 욕구처럼 원초적인 욕구인 것은 확실하지만 좀처럼 충족되기 힘든 면이 있다. 이것을 프로이트는 '위대해지고 싶은 욕망'이라고 불렀으며, 듀이는 '중요한 인물이 되고 싶어 하는 욕구'라고 표현했다. 여기서는 '자기 자신의 중요성'에 해당되는 욕구이다.

20세기의 위대한 심리학자인 지그문트 프로이트 박사는 인간의 모든 행동을 두 가지 동기로 압축시킬 수 있다고 주장했다. 즉, 그것은 성욕과 위대해지려는 욕망에서 비롯된다는 것이다.

미국의 저명한 철학자이며 교육가인 존 듀이 박사도 이와 비슷한 말을 했다. 그는 인간의 가장 원초적인 충동은 중요한 인물이 되고 싶은 욕구에 그 바탕을 두고 보았다.

어떤 면에서 이 말은 인간 심리의 정곡을 찌르는 부분이 있다.

'인간은 누구나 칭찬받기를 좋아한다.' 링컨은 친구에게 보내는 편지에 이런 말을 쓴 적이 있었다. 심리학자인 윌리엄 제임스도 '인간이 지닌 성질 가운데서 가장 강한 것은 상대방에게 인정을 받고자 갈망하는 마음이다.' 라고 했다.

그런데 우리는 제임스가 희망이나 염원, 동경과 같은 말 대신에 '갈망' 한다고 말한 점에 주의를 기울여야 한다. 상대방이 간절히 원하는 것을 제대로 만족시켜줄 수 있는 사람은 극히 드물다. 만약 그런 능력을 갖고 있는 사람이라면 상대방의 마음을 자신의 손아귀에 쥐는 것도 누워서 떡 먹기가 아닐 수 없다. 자기 자신의 중요성에 대한 욕구는 인간이 동물과 구별되는 중요한 특성 중의 하나이다.

카네기가 미주리 주의 시골 농장에서 살던 때의 일이다.

그의 아버지는 듀록 저지 종의 돼지와 종우를 기르고 있었는데,

돼지를 중서부 각지의 가축경진대회와 가축품평회에 출품시켜 여러 번 1등 상을 타곤 했다. 그의 아버지는 그 영예의 파란 리본들을 흰 모슬린 천에 핀으로 꽂아 놓으셨다. 그리고 손님이 올 때마다 그 긴 모슬린 천을 끄집어내어, 한쪽 끝은 아버지가 잡고 다른 한쪽 끝은 아들인 카네기에게 붙잡도록 해서 그 파란 리본들을 손님들에게 보여주었다.

돼지는 자신이 탄 상에 대해서 전혀 무관심했으나 그의 아버지는 대단한 자부심을 갖고 있었다. 그 파란 리본이 아버지에게는 자신의 중요성을 과시하는 도구였기 때문이다. 만약 우리의 조상들이 자기 자신의 중요성에 대한 강렬한 욕구를 갖고 있지 않았다면 인류의 문명은 결코 진보하지 못했을 것이다.

가령 어느 식료품 가게 점원 출신이었던 링컨이 헌 책방에서 50센트를 주고 법률 서적을 구입하여 공부를 시작하게 된 것도 자기 자신의 중요성에 대한 욕구 때문이었다. 영국의 소설가인 찰스 디킨스가 위대한 작품을 남기게 된 것도, 18세기 영국의 유명한 건축가인 크리스토퍼 렌이 훌륭한 건물을 지은 것도, 록펠러가 막대한 부를 축적하게 된 것도 사실은 자기 자신의 중요성에 대한 욕구에서 비롯된 것이다.

우리는 이러한 현상을 얼마든지 볼 수가 있다. 부자가 필요 이상으로 커다란 저택을 짓는다거나, 최신 유행의 의상을 걸치고 새로 나온 자동차를 몰고 싶어한다거나, 부모가 자식 자랑을 한다거나 하는 것도 이러한 욕구의 발로인 것이다.

뉴욕 시의 경찰국장인 멀루니는 다음과 같이 말했다.

"요즘의 청소년들은 마치 자아로 똘똘 뭉쳐진 덩어리 같다. 소년 범죄자들의 경우에도 그들이 경찰에 체포되고 나서 처음으로 요구하는 것이 자기를 영웅처럼 대서특필한 신문을 보여달라는 것이다. 그들은 자기 사진이 베이브루스나 아인슈타인, 린드버그, 루즈벨트 등과 같은 유명 인사들의 사진과 나란히 나와 있는 것을 볼 수만 있다면 전기의자에 앉게 되는 것쯤은 아무렇지도 않게 여기는 것 같다."

자기 자신의 중요성을 만족시키는 방법은 사람마다 조금씩 다르다. 그리고 그 방법에 따라서 그 사람의 인품을 짐작할 수도 있다. 일례로 존 D. 록펠러는 자기 자신의 중요성을 충족시키는 방법으로 중국의 빈민들을 위하여 베이징에 근대적인 병원을 건립할 수 있도록 막대한 기부금을 내기도 했다.

그러나 딜린저는 자기 자신의 중요성을 부각시키기 위하여 도둑질, 은행 강도, 심지어는 살인까지 범하게 되었다. 딜린저는 연방 수사관에게 쫓겨 미네소타 주의 어느 농가로 뛰어들면서 다음과 같이 소리쳤다고 한다.

"내가 바로 딜린저다!"

그는 자기가 세상 사람들이 벌벌 떠는 무서운 존재라는 것을 과시하고 싶어했다. 그리하여 이렇게 덧붙였다.

"나는 너희들을 해칠 생각은 없다. 하지만 딜린저라는 것을 기억해 두기 바란다."

딜린저도 록펠러와 똑같이 자기 자신의 중요성에 대한 욕구를 갖고 있었다. 단지 두 사람은 그 욕구를 충족시키는 방법에 있어서 중요한 차이가 있을 뿐이다.

간혹 사회적으로 인정받는 사람들 가운데서도 자기 자신의 중요성을 만족시키기 위해 은근히 노력했던 흥미로운 사례가 발견되곤 한다. 가령 조지 워싱턴은 '미합중국 대통령 각하' 라고 불리기를 좋아했고, 콜럼버스도 '해군 대제독' 등의 칭호로 불리는 것을 좋아했다. 심지어 러시아의 캐서린 여왕은 자신에게 오는 편지의 서두에 '폐하' 라고 씌어 있지 않은 편지는 거들떠보려고도 하지 않았다. 또한 링컨 부인은 대통령 관저에서 그랜트 장군 부인이 자기보다 먼저 자리에 앉자 노골적으로 화를 내며 이렇게 비난했다고 한다.

"내가 앉으라고 하지도 않았는데 자리에 앉다니, 당신은 참 뻔뻔하군요! 그런 무례한 행동이 어디 있어요?"

미국의 백만장자들이 버드 소장의 남극 탐험을 원조한 것은 새로 발견될 산맥에 그들의 이름을 명명해 주겠다는 조건 때문이었다. 또한 프랑스가 낳은 위대한 소설가로서 전 국민의 존경을 받던 빅토르 위고도 자기 가문을 빛내기 위해 막대한 돈을 들여 귀족의 작위를 손에 넣었다.

주위 사람들의 동정과 관심을 끌기 위해 꾀병을 앓는 사람도 있다. 예를 들자면, 맥킨리 대통령의 부인과 같은 사람이다. 그녀는 남편인 맥킨리 대통령이 각료들과 회의를 하고 있을 때라도 침실로 끌어들여 몸이 아프다고 꾀병을 부리기 일쑤였다. 그렇게 해서 대통령으로 하여금 중요한 국사조차도 돌보지 못하도록 만들었던 것이다.

그런 맥킨리 부인이 치과에서 치료를 받게 되었을 때의 일이다. 그녀는 끊임없이 자신의 중요성을 부각시키기 위해 이를 치료받는 동안에도 맥킨리 대통령을 곁에서 꼼짝도 못하도록 했다. 그러던 어느 날, 대통령은 중요한 약속이 있어 부인을 치과 의사에게 맡기고 자리를 뜰 수밖에 없었다. 그러자 그녀는 진짜로 몸져눕게 되었다.

어떤 여성도 맥킨리 부인처럼 자기 자신의 중요성을 만족시키기 위해 스스로 병을 불러들인 경우가 있었다. 그녀는 아주 건강한 상태에서 어느 날 갑자기 벽에 부딪친 것만 같은 느낌을 받게 되었다. 아마도 그 벽은 그녀의 나이가 아니었나 생각된다. 그녀는 혼기가 한참 지난 연령이었으므로 어쩌면 영영 결혼 같은 걸 할 수 없게 될지도 모른다고 비관하기 시작했을 테고, 그렇게 앞으로 평생을 고독하게 혼자 늙어갈 생각을 하니 몸에 절로 병이 생겼을 것이다.

  마침내 그녀는 병상에 눕고 말았다. 그로부터 10년간을 그녀의 노모가 하루 세 끼 식사를 3층에 있는 딸의 방으로 나르다 쓰러져 그대로 세상을 떠나고 말았다. 그녀는 비탄에 잠긴 채 몇 주일을 보낸 뒤 어느 날 문득 자리를 털고 일어나 다시 옛날처럼 건강한 생활을 하게 되었다.

  정신병리학자들의 말에 의하면, 현실의 세계에서 자기 자신의 중요성에 만족하지 못한 사람들 중에는 망상의 세계에서나마 만족감을 얻기 위해 정신이상을 일으킨 경우도 있다고 한다.

  일례로 미국의 정신병원에 수용된 환자 가운데 이러한 심리적 요인으로 병을 앓게 된 환자의 수는 다른 질병에 걸린 환자의 합계보다도 많다는 것이다.

  그렇다면 정신이상의 원인은 무엇인가?

  이런 포괄적인 질문에 대해서 쉽사리 단정 짓기는 쉽지 않을 것이다. 가령 매독과 같은 성병에 걸린 경우에도 뇌 세포에 매독 균이 침범하여 정신이상이 될 수도 있다. 그러나 우리는 정신병자의 약 반수 이상이 뇌 조직의 장애나 알코올 중독, 외상 등의 신체적 결함에서 비롯된 것이 아니라는 사실을 주목할 필요가 있다.

이러한 환자의 사체를 해부할 경우, 가장 정밀한 현미경을 이용하여 뇌 조직을 검사해 보아도 보통 사람과 조금도 다른 점을 발견할 수 없다는 것이다. 그렇다면 뇌 조직에 아무런 이상이 없는 사람이 왜 정신병자가 되는 것일까? 이 질문에 대한 답으로 어떤 정신병원 원장의 말을 들 수 있다. 그런데 자타가 공인하는 정신병의 최고 권위자인 그 원장의 답변은 무척 의외였다.

"솔직히 말하자면 나 역시 그런 사람들이 왜 정신이상을 일으켰는지에 대해서는 알 길이 없습니다."

그는 정확한 원인에 대해서는 언급을 회피하는 가운데 한 가지 사실만은 분명히 말했다. 즉, 이런 환자들 가운데는 현실의 세계에서는 충족되지 못한 자기 자신의 중요성을 만족시키기 위하여 정신병자가 된 경우도 많다는 것이다.

그의 이야기에는 다음과 같은 재미있는 것들도 있다.

"지금 우리 병원에는 결혼에 실패한 여자 환자가 한 명 있습니다. 그녀는 결혼해서 아이도 많이 낳고 싶어했고 남편의 사랑과 사회적인 지위가 어느 정도 보장되는 행복한 미래를 꿈꿔왔겠죠. 그러나 현실이 그녀의 희망을 무참히 짓밟아버렸지요. 남편은 밥도 같이 안 먹을 정도로 그녀를 철저히 외면했습니다. 남편의 사회적 지위도 그녀가 기대했던 것보다 형편없었고 아이도 갖지 못했습니다.

 결국 그녀는 절망하게 되었고, 그것이 원인이 되어 정신이상을 초래하게 된 것입니다. 그녀는 남편과 이혼한 후 이 병원에 입원하게 되었는데, 지금은 자기가 영국의 귀족과 결혼한 것으로 믿고 있습니다. 그래서 사람들이 자기를 스미스 후작부인이라고 불러주지 않으면 마구 화를 냅니다. 또 그녀는 매일 밤 아이를 낳고 있다고 믿고 있어서 내가 진찰을 하러 갈 때마다 어젯밤에 해산을 했다고 주장합니다."

 그녀의 꿈을 실은 배는 번번이 현실이라는 암초에 부딪혀 침몰하고 말았다. 그러나 지금 그 배는 망상의 휘황찬란한 세계 속에서 순조로운 항해를 하고 있는 것이다. 이것이 희극일까, 아니면 비극일까, 엄청난 혼란을 느끼지 않을 수 없다. 여기에 대해서는 원장 역시 뚜렷한 해답을 찾을 수 없다고 했다.

 "글쎄요, 치료를 계속하다 보면 그녀의 망상을 제거할 수도 있겠지요. 하지만 어떤 면에서는 차라리 그녀의 현재 상태가 훨씬 행복하리라는 생각을 하게 되더군요."

 대체로 정신이상자들은 정상적인 사람들보다 행복을 느끼는 강도가 강하다. 그래서 그들 스스로 망상의 세계에서 안주하는 경우도 많다. 그렇다고 해서 그들을 불쌍하게 생각할 필요는 없다. 왜냐하면 그들은 자신의 문제를 자기 방식대로 해결하고 있기 때문이다. 그들은 생판 모르는 남에게 1백만 달러짜리 수표도 망설임 없이 끊어주며 각국의 대통령에게 소개장도 기꺼이 써준다.

그들은 자기 자신이 창조한 꿈나라에서 자신의 중요성을 찾은 것뿐이다. 그렇다면 정상적인 현실의 세계에서는 그러한 희망을 만족시킬 만한 방법이 없을까? 지금부터 그 방법에 대하여 알아보기로 하자.

지금까지 알려지기로는 연봉 1백만 달러를 받고 있는 사람이라면 두 사람밖에 없었다. 바로 월터 크라이슬러와 찰스 슈와브였다. 앤드류 카네기는 무엇 때문에 이 슈와브라는 사람에게 연봉 1백만 달러, 하루에 3천 달러 이상의 급료를 주는 것일까?

슈와브가 천재였기 때문일까? 결코 그렇지 않다. 그가 제철 계통의 최고 권위자이기 때문일까? 천만의 말씀이다. 슈와브의 말을 빌리자면, 자신보다도 그 밑에 있는 부하들이 제철에 관해서는 훨씬 더 잘 알고 있다는 것이다.

슈와브가 엄청난 연봉을 받게 된 이유는 사람들을 다루는 기술 때문이었다. 사실 슈와브는 그 방면에 있어서는 타의 추종을 불허하는 존재였다. 도대체 어떠한 방법을 사용하기에 그렇게 사람들을 잘 다루느냐는 질문에 그는 다음과 같은 비결을 들려주었다.

"나는 사람들의 열의를 불러일으키게 하는 방법을 터득했던 것뿐입니다. 이것이 나에게 있어서는 가장 소중한 밑천입니다. 그 방법도 간단합니다. 즉, 다른 사람들의 장점을 키워주기 위해서 가급적 자주 칭찬과 격려를 해주는 것입니다. 상사로부터 야단을 맞는 것처럼 부하 직원들의 사기를 저해시키는 것은 없습니다. 그래서 나는 결코 사람들을 비난하지 않습니다. 그 사람들을 열심히 일하게 만들기 위해서는 아낌없이 격려가 필요하다고 믿기 때문입니다. 나는 사람을 칭찬하는 것을 좋아합니다. 그래서 사람들의 장점을 발견하면 즉석에서 그들을 진심으로 칭찬하고 아낌없는 찬사를 보내줍니다."

이것이 슈와브의 비결이었다. 그런데 우리는 어떠한가? 대부분의 사람들은 이와는 반대로 행동한다. 자신의 마음에 들지 않으면 무조건 그를 공격하려 들고, 그렇지 않은 경우라 하더라도 칭찬에 매우 인색하다.

"나는 지금까지 세계 각국의 수많은 사람들과 교제해 본 경험이 있습니다. 그 결과 아무리 지위가 높은 사람이라 할지라도 누군가의 비난을 들으며 일할 때보다는 칭찬을 들으며 일할 때 일에 대한 열의도 생겨나며 좋은 성과도 거둘 수 있다는 사실을 발견하게 되었죠. 이것만큼은 어느 한 사람도 예외가 없습니다."

슈와브의 당연한 주장이다.

슈와브와 마찬가지로, 앤드류 카네기 또한 이 방법을 통해서 자신의 인생을 성공으로 이끈 사람이었다. 카네기도 다른 사람들을 아낌없이 칭찬하는 버릇이 있었던 것이다. 이러한 사실은 그가 타계하기 직전에 스스로 작성했던 자신의 묘비명에서도 극명하게 드러나 있다.

'여기에 자기 자신보다도 현명한 인물들을 끌어모으는 방법을 터득했던 사람이 묻혀 있다.'

인간은 누구나 칭찬받기를 원한다

사람을 움직이는 방법으로는 그가 원하는 것이 무엇인지를 명확히 파악하여 그것을 이룰 수 있다는 확신을 심어주는 것이 최선의 방법이다. 당신의 칭찬과 격려에 상대방은 스스로 이루어보고자 하는 강한 의욕을 가지게 되고, 실제로 그렇게 행동하게 되는 것이다. 이 법칙만큼은 어느 한 사람도 예외가 없다.

진심으로 칭찬하고 아낌없는 찬사를 보내라. 이것이 인간관계의 핵심이 될 수도 있는 전략이다.

상대방의 입장에서 생각하라

세상은 자기 자신보다도 남을 위해 봉사하려는 소수의 사람들이 더 유리한 상황이 되고 있다. 다시 말하면 이런 사람들에게는 성공의 경쟁자가 거의 없는 셈이다.

인간의 모든 행위는 그 무엇에 대한 욕구로부터 시작되는 것이다. 적십자사에 얼마간의 돈을 기부하는 행위 역시 이런 원칙에 대해 예외일 수는 없다. 남을 도우려는 욕구 또한 아름답고 거룩한 행위를 하고 싶다는 욕구에서 출발한 것이기 때문이다.

'가난한 형제들에게 선행을 행하는 것은 곧 내 주를 섬김과 같으니라.'

선행에서 비롯된 기쁨보다도 약간의 돈이 더욱 소중하다고 생각하는 사람들은 기부 따위의 쓸모없는 짓거리는 하지 않을 것이다. 물론 거절하기가 곤란하다든지, 기부를 부탁하러 온 사람과의 친분 관계 때문에 할 수 없이 기부하는 경우도 있을 것이다. 그러나 그들이 일단 기부를 한 이상 무엇인가를 원했던 것만은 사실이다.

미국의 심리학자인 해리 A. 오버스트리트 교수는 《인간의 행위를 지배하는 힘》이라는 그의 저서에서 다음과 같이 주장했다.

'인간의 행동이란 마음속에서 비롯된 욕구로부터 생겨난다. 따라서 사람을 움직이는 최선의 방법은 먼저 상대방의 마음속에 강한 욕구를 불러일으키도록 만드는 것이다. 사업이나 가정, 학교나 정치에 있어서도 마찬가지이다.

무릇 사람을 움직이려는 사람은 이 사실을 명확히 기억해 둘 필요가 있다. 상대방의 욕구를 불러일으키는 사람은 만인의 지지를 얻는데 성공할 것이며, 그렇지 못한 사람은 한 사람의 지지자도 얻지 못할 것이다.'

강철 왕 앤드류 카네기는 스코틀랜드 출신으로 1시간에 2센트의 급료를 받는 노동자에 불과했다. 그런 그가 말년에는 각 방면에 3억 6천5백만 달러나 기부를 할 만큼 대부호가 되었다. 그 비결은 무엇일까?

그는 비록 초등학교 4학년까지밖에 다니지 않았지만, 사람을 다루는 법에 대해서는 천재적인 재능을 갖고 있었다. 그는 스스로 상대방을 움직이기 위해서는 그 사람이 원하는 것에 대한 욕구를 불러일으켜야 한다는 진리를 깨달았던 것이다.

이런 에피소드가 있다.

한때 카네기의 형수는 예일대학에서 공부하는 두 아들 때문에 병이 날 지경이었다. 그들은 자기 공부가 바쁘다는 이유로 집에는 한 장의 편지도 보내는 법이 없었다. 걱정이 된 형수가 답장이라도 한 번 보내 달라는 간곡한 편지를 띄워도 감감 무소식이었다.

카네기는 어떤 친구에게 편지 쓰기를 죽도록 싫어하는 자신의 조카들 이야기를 하며 내기를 하자고 제안했다. 즉, 조카들에게 답장을 하라는 내용이 적히지 않은 편지를 띄우고, 그 조카들이 답장을 보내주는 사람에게 100달러를 주기로 한 것이다.

그 친구는 카네기의 제안에 흔쾌히 동의했다. 카네기는 자신의 조카들에게 별다른 내용이 없는 안부 편지를 썼다. 다만 편지 말미에 두 조카에게 각각 5달러씩을 보낸다는 내용을 짧게 덧붙였다. 그리고 돈은 동봉하지 않고 편지 봉투에는 편지만을 집어넣었다.

곧이어 조카들에게 답장이 왔다.

'앤드류 삼촌, 보내주신 글은 반갑게 받아보았습니다만……'

그 다음에 나올 말은 여러분의 상상에 맡기기로 하겠다.

다른 사람을 설득하여 무슨 일을 하도록 만들려면 우선 스스로에게 자문해 보는 것이 좋다. 만일 당신이 유명한 학자이고, 호텔 대강당 같은 곳에서 강습회를 자주 갖는 사람이라고 하자. 호텔 관계자와 계약이 끝난 후 초대권을 판매했고, 드디어 강습회가 임박하게 되었다. 그런데 느닷없이 호텔 측으로부터 갑자기 대강당의 사용료를 종전의 3배로 인상하겠다는 통지를 보내왔다면 당신은 어떻게 하겠는가?

그것은 너무도 뜻밖의 인상이었고 부당한 사용료라는 생각이 든 당신은 마음 같아서는 모두 취소하고 싶을 것이다. 하지만 그때는 이미 초대권이 모두 팔렸기 때문에 장소를 변경할 수도 없는 상황이다. 또한 호텔 측으로서는 자기네 입장만을 생각하고 있을 테니 당신이 아무리 항의를 한다 해도 그들의 태도가 달라지지 않을 것이 분명할 터였다. 당신은 이틀이 지난 뒤 그 호텔의 지배인을 찾아갔다.

"그 통지를 받고 나서 놀라기는 했지만, 당신을 원망하고 싶은 생각은 추호도 없습니다. 나도 아마 당신의 입장이 된다면 똑같은 통지서를 쓸 수밖에는 없었겠지요. 호텔의 지배인이라면 될 수 있는 대로 호텔의 수익을 올리는 것이 당연한 임무일 테니까요. 그럴 수 없다면 당연히 자리에서 물러나야 할 줄로 압니다. 그런데 이번 사용료의 인상 문제를 놓고, 그것이 호텔 측에 이익을 줄지 불이익을 가져다줄지 표로 작성해서 검토해 보면 어떨까요?"

당신은 여기까지 말한 뒤 백지 한 장을 꺼내 그 중앙에 선을 긋고 양쪽에 각각 이익과 손해라고 쓴 칸을 만들었다. 그리고 이익란에 '대강당을 비운다.'라고 썼다.

"나는 당신이 요구하는 사용료를 지불하기 어려운 처지이니 강습회는 다른 장소에서 개최하는 수밖에는 없을 겁니다. 그렇다면 당신들은 그 대강당을 댄스 파티나 다른 용도의 모임에 빌려줄 수도 있을 테니 이익이 생깁니다. 강습회에 빌려주는 것보다는 훨씬 많은 사용료를 받을 수도 있겠지요. 그러므로 이것은 확실히 호텔 측을 이롭게 하는 측면이 있습니다. 그러면 이번에는 호텔에 손해가 될 수 있는 점을 따져볼까요? 첫째로 나는 대강당을 빌릴 형편이 안 되기 때문에 나한테서 들어올 20일간의 고정 수익은 한 푼도 없을 것입니다. 그것 말고도 호텔 측에 불리한 점이 또 있습니다. 이 강습회에 오는 청중들은 중산층으로 주로 지식인과 문화인들이 많이 참가합니다. 이것은 호텔을 위해 훌륭한 홍보가 될 수도 있습니다. 만일 5천 달러를 들여 신문광고를 낸다 하더라도 이 강습회에 참가하는 수많은 사람들이 직접 이 호텔에 와서 보는 것보다는 광고 효과가 덜할 것입니다. 그렇다면 이 강습회가 호텔 측으로 본다면 굉장한 이익이 되는 게 아닐까요?"

당신은 두 가지의 손해를 해당란에 기입하고 나서 그 종이를 지배인에게 건네주었다.

"여기에 기입한 이익과 손해를 살펴보시고 최종적인 연락을 해주시기 바랍니다."

그 이튿날 호텔 지배인이 어떻게 나왔을까? 당연히 인상을 취소하든가 아니면 최소한의 인상으로 마무리 지음으로써 서로의 마음을 다치게 하는 일은 없을 것이다. 그런데 중요한 점은, 이 대강당 사용료 문제에 대해서 당신은 당신 자신의 요구를 한 마디도 입 밖에 내지 않았다는 사실에 유의해 주기 바란다. 처음부터 끝까지 상대방의 요구에 관해서만 이야기했으며, 어떻게 해야만 상대방의 요구 사항이 충족될 수 있는가를 상대방의 입장에서 검토한 것뿐이다.

가령 당신이 감정을 이기지 못하고 지배인에게로 달려가 이렇게 소리 질렀다고 가정해 보자.

"갑자기 사용료를 올리다니 말이나 되는 소리요? 지금 초대권도 다 팔린 상태라는 걸 당신도 알고 있으면서 어떻게 그럴 수가 있소? 게다가 난데없이 세 배나 인상한다니 그게 어디 말이나 됩니까? 나는 그 돈을 추호도 못 내겠소!"

그렇다면 어떤 결과가 나타났을까? 아마도 서로 흥분하여 욕설이 튀어나오고, 어쩌면 주먹다짐까지 하게 됐을지도 모른다. 설사 당신이 상대방의 잘못된 점을 지적하여 논리적으로 그를 설득시켰다 하더라도 그는 자존심 때문에 자신의 결정을 쉽사리 번복하지는 않을 것이다.

사람들은 과일과 아이스크림을 좋아하지만 우리가 낚으려는 물고기는 지렁이와 같은 벌레들을 좋아한다. 그런 이유로 낚시꾼들은 낚시를 갈 때마다 사람이 좋아하는 음식물보다는 물고기가 좋아하는 음식물에 신경을 곤두세우곤 한다. 미끼를 철저하게 준비한 다음 낚시 바늘에 꿰고는 물고기들에게 '어디 한 번 잡숴보시지.' 하고 유혹의 손길을 뻗친다.

그렇다면 사람을 낚을 때에도 이 방법을 사용해 보면 어떨까?

영국의 수상인 로이드 조지가 바로 이러한 방법을 이용한 사람이었다. 제1차 세계대전 중에 그와 같이 활약했던 윌슨, 오란도, 클레망소 등의 연합군 지도자들이 모두 실각하여 세인의 기억으로부터 사라진 후에도 그는 여전히 권좌에 남아 영국을 통치하고 있었다. 그는 어떤 사람이 그 비결이 무엇인지를 묻자, '낚시를 할 때는 물고기가 좋아하는 것을 미끼로 사용하는 것이 제일'이라고 거침없이 말했다.

만약, 사람들 앞에서 자기가 좋아하는 것만을 주장하는 사람이 있다면 유치하고 어리석은 사람이 아닐 수 없다. 물론 대부분의 사람들은 자신이 원하는 것에만 관심을 갖게 마련이다. 하지만 그것은 자기 이외의 사람들에게는 아무런 흥밋거리가 되지 못한다. 사람들은 너나없이 자신의 일에만 정신이 팔려 있기 때문이다.

따라서 세상 사람들을 움직이는 유일한 방법은 상대방이 원하는 문제를 같이 이야기하고, 또한 그것에 대하여 조언을 해주는 것이다. 만일 당신이 지금 당장이라도 어느 누구를 움직이려 한다면 이 사실을 꼭 명심해 두어야 한다.

가령 당신의 아들이 담배를 피우고 있는데, 그것이 못마땅하다고 해서 설교를 하려고 해서는 안 된다. 또한 아주 간절한 태도로 아들에게 사정을 한다고 해도 별다른 효과를 기대하기란 어려울 것이다. 그럴 땐 아들이 원하는 것이 무엇인지를 일단 파악해야 한다.

만약 아들의 장래 희망이 야구 선수라면 담배를 피우는 사람은 야구 선수가 되기 힘들다는 사실을 알려주는 것이 효과적인 방법이다. 아들에게 담배를 끊지 못하는 이상 100야드만 달려도 숨이 차서 주저앉게 된다고 설명하는 것만으로도 그 목적을 훌륭히 달성할 수가 있다.

이 방법만 잘 응용한다면 아이들은 물론, 송아지나 침팬지까지도 마음대로 움직일 수 있을 것이다. 한 예를 들어보자.

에머슨과 그의 아들이 송아지를 외양간에 집어넣으려고 하였다. 그런데 그들은 누구나 저지르기 쉬운 잘못을 범했다. 그들은 자신들이 원하는 것만을 생각했던 것이다. 즉, 송아지를 외양간에 집어넣으려는 일념으로 아들은 앞에서 잡아끌고 아버지는 뒤에서 송아지 엉덩이를 밀었다.

그러나 송아지 또한 그들과 마찬가지로 자기가 원하는 것만을 생각하는 동물이었다. 녀석은 네 다리로 버틴 채 풀밭에서 한 발자국도 움직이려 하지 않았다. 이 광경을 보다 못한 아일랜드 태생의 하녀가 그들을 돕기 위해 달려왔다. 그녀는 어려운 책을 읽거나 논문을 작성할 만한 지식은 없었으나 적어도 이런 경우에는 에머슨보다 훌륭한 지식을 갖추고 있었다.

그녀는 우선 송아지가 무엇을 원하는지를 살펴보았다. 송아지는 배가 고팠던 것이다. 이윽고 문제의 핵심을 파악한 그녀는 자신의 손가락을 송아지의 입에 물리고는 살살 달래면서 외양간으로 끌어들였던 것이다.

자동차 왕 헨리 포드는 인간관계에 대하여 다음과 같은 말을 했다.

"성공의 비결이라는 것이 있다면, 그것은 상대방의 입장을 이해하고 자신의 입장과 상대방의 입장을 동시에 비교하며 사물을 대하는 능력일 것이다."

새삼 음미해 볼 말이다. 대부분의 사람들이 그것을 아주 간단하고 알기 쉬운 도리라고 생각하면서도 이런 상식의 대원칙을 무시하고 있다.

그런 예는 얼마든지 있다.

예를 들어, 전국에 지사를 가진 어떤 광고회사의 방송 담당부장이 각 지방 방송의 방송국장 앞으로 보낸 편지가 있다.

'안녕하십니까? 저희 회사는 라디오 광고의 대행업을 담당하는 회사로서 언제나 최고의 회사가 되고자 염원하고 있습니다.

우리나라의 방송 사업이 발족한 이래로 우리 회사는 끊임없는 발전을 지속하고 있으며 업계에서도 두각을 나타내는 건실한 회사입니다. 그러므로 우리 회사는 항상 각 방송국의 최근 상황에 대한 정확한 정보를 간절히 바라고 있습니다.

따라서 귀국의 주간 보고를 받고자 하오니 대행업자로서 필요하다고 생각되는 사항을 자세히 알려주시기 바랍니다.

빠른 시일 내에 답신을 보내주신다면 상호간에 유익한 점이 있을 것으로 사료됩니다.

추신 : <브랭크빌 저널> 지의 사본을 1통 동봉하오니 귀국의 방송에 이용하시면 많은 도움이 되실 것으로 믿습니다.'

이 회사의 염원 같은 것은 상대방이 알 바가 아니다. 그들은 그들의 생각만으로도 골치가 아플 지경일 것이다. 그러므로 이런 편지가 상대방에게 어떤 인상을 줄지도 모를 정도라면 일찌감치 광고업을 때려치우고 다른 장사나 시작하는 편이 나을 것이다.

이 회사가 건실하고 자본이 많으며 업계에서 알아주는 곳이라고 치자. 그러나 그것이 어쨌다는 말인가? 설사 당신의 회사가 제너럴 모터스와 제너럴 일렉트릭 회사를 합친 것보다 몇 배 더 크고 좋다고 하더라도 그런 것이 상대방에게 무슨 상관인가. 이런 회사의 자랑을 듣고 있으면 상대방은 오히려 무시당하는 듯한 기분이 드는 법이다.

더군다나 뻔뻔스럽기 짝이 없는 말투다. 실컷 제멋대로 자기 자랑을 늘어놓은 다음에 보고를 하라니, 이 무슨 수작인가? 어리석게도 이렇게 엉터리로 쓴 편지를 보내면서 급히 답신을 보내 달라니 기가 막힐 지경이다. 도대체 무슨 권리로 명령을 내리는 것인가? 겨우 끝부분에 가서야 '상호간에 유익' 하다고 이쪽에도 관심을 보이는 척했는데, 이쪽에 무엇이 어떻게 유익한지에 대해서는 분명하게 나타나 있지도 않다.

추신에서야 비로소 '상호 유익'의 뜻이 밝혀졌다. 어째서 처음부터 그 말을 쓰지 않았을까? 물론 처음에 썼다고 해도 썩 유쾌하지 못한 편지임에는 별 차이가 없었겠지만, 이런 터무니없는 편지를 태연하게 보내는 광고업자는 아마도 정신 나간 사람임이 틀림없다.

광고업을 하는 사람이라면 고객들에게 물건을 사도록 유인하는 전문가라고 할 수 있다. 그런 사람도 이런 식으로 편지를 쓰는 정도라면 다른 직업에 종사하는 사람들의 경우는 보지 않고도 충분히 짐작이 가지 않겠는가.

　여기에 또 다른 편지가 있다. 어떤 운송회사의 수송계장으로부터 에드워드 버밀런에게로 온 편지의 내용이다. 이 편지를 받아본 사람에게는 어떤 반응이 나타났을까? 한 번 읽어보고 생각해 보기 바란다.

　버밀런 씨!
　먼저 저희 형편을 말씀드리겠습니다. 화물들이 저녁때쯤 한꺼번에 접수되는 경우가 많기 때문에 발송 업무에 지장을 받게 될 때가 아주 많습니다. 그 결과, 저희 사무실 직원들은 열심히 일을 하는데도 화물의 수송이 지연되고 있습니다.
　지난 11월 10일, 귀사로부터 510묶음이나 되는 많은 양의 화물을 접수하였을 때는 오후 4시 20분이었으므로 마찬가지의 현상이 벌어졌습니다.
　저희는 그러한 사태로 인한 작업의 혼란과 불편을 피하기 위해 귀사의 적극적인 협조를 바라고 있습니다. 앞에서도 말씀드린 바와 같이 화물량이 많을 때는 조금 시간을 앞당겨주시든지, 오전 중에 화물의 일부라도 먼저 보내주시도록 힘써주시기를 간절히 바랍니다.
　그렇게 배려해 주신다면, 귀사의 차량이 이곳에서 대기하는 시간도 단축될 것이며, 화물도 그날로 발송될 수 있는 등 여러 가지 유익한 점이 많을 것으로 생각됩니다.

이 편지를 읽은 A. 제레미 선즈 회사의 판매과장인 버밀런은 다음과 같은 자신의 비평을 했다.

'이 편지는 그 사람이 의도했던 것과는 정반대의 효과를 나타냈습니다. 그는 처음부터 자기 회사의 곤란한 형편만을 이야기하고 있는데, 그런 것은 저희들에겐 별로 흥미 있는 이야기가 아닙니다.

그 다음에는 협력을 구하고 있지만, 그 과정에서 우리 회사가 당하게 되는 불편에 대해서는 전혀 무시되어 있습니다. 그는 겨우 마지막 구절에 와서야 우리가 협력을 할 경우, 이런저런 이익이 있을 것이라고 덧붙였죠. 그렇지만 가장 중요한 문제를 뒤에서 이야기했기 때문에 편지를 읽으면서 생긴 반발심이 남던 나로서는 별로 협력하고 싶은 생각이 일어나지 않았습니다.'

그러면 이런 편지는 어떻게 써야 하는가? 우선 자신의 입장만 생각하면 안 된다. 자동차 왕 포드의 말처럼 '상대방의 입장을 이해하고 자신과 상대방의 입장을 동시에 비교하며 사물을 대하는' 마음의 자세가 중요하다. 이런 점을 깊이 인식하고 다시 써보면, 완전하다고는 할 수 없지만 앞의 편지보다는 훨씬 나을 것이다.

버밀런 씨!

우리 회사가 지난 14년 동안, 귀사의 도움을 받아왔던 점에 대하여 늘 감사하게 생각하고 있습니다. 앞으로도 더욱 신속하고 능률적인 서비스로 그 호의에 보답코자 노력하겠습니다.

그러나 지난 11월 10일처럼 한꺼번에 다량의 화물을 오후 늦게 보내주시면 죄송스럽게도 귀사의 기대에 어긋나는 경우가 생깁니다. 그 까닭은 다른 수화물들도 오후 늦게 보내오는 경우가 대부분이기 때문에 일손이 부족하기 때문입니다. 따라서 이렇게 일이 폭주할 땐 귀사의 차량들도 오래 기다려야만 화물을 내릴 수 있게 되며, 때로는 화물 수송이 지연되는 경우가 발생하게 됩니다.

이런 사태는 우리에게도 매우 유감스러운 일입니다. 그러나 이런 사태를 피하기 위한 방법으로 가급적 오전 중에 화물을 보내주신다면 고맙겠습니다. 그렇게 되면 귀사의 차량들이 오랫동안 대기할 필요도 없어지고 그만큼 화물의 수송은 빨라지게 됩니다.

또한 우리 회사의 종업원들도 작업 시간을 단축시킬 수 있기 때문에 퇴근 시간에 맞춰 가정으로 돌아가 귀사 제품인 맛있는 마카로니를 즐기며 피곤을 풀 수 있을 것입니다.

결코 불평을 말씀드리는 것은 아닙니다. 또한 귀사의 영업 방침에 주제 넘는 간섭을 하려는 것도 아닙니다. 귀사의 도움을 받고 있는 우리 회사로서는 조금이라도 그 뜻에 보답하려는 생각에서

드리는 말씀이오니 너그러이 받아주시기 바랍니다.

아울러 귀사의 화물이라면 언제 도착하게 되더라도 될 수 있는 대로 신속하게 처리하도록 전력을 다하겠습니다. 이 점에 있어서는 안심하시기 바랍니다. 바쁘실 줄은 충분히 알고 있으니 답장은 주시지 않아도 무방합니다.

감사합니다.

오늘도 수천, 수만 명의 세일즈맨들이 제대로 수입을 올리지 못한 채 피곤한 몸을 이끌고 터덜터덜 거리를 헤매고 있을 것이다. 그들은 왜 그럴 수밖에 없는 것일까?

항상 그들은 자신들이 원하는 것밖에는 생각지 않기 때문이다. 자신이 원하는 물건이 있을 경우에 소비자들은 직접 나서서 물건을 구매한다. 세일즈맨이 소비자들에게 판매하려는 물건들은 대부분이 필요치 않거나 아직은 살 필요가 없다고 생각되는 것들이다.

그러나 상당수의 세일즈맨은 이 점을 이해하지 못하고 소비자들에게 자신의 물건을 강매하려 드는 것이다. 이런 무조건적인 강매 행위는 오히려 역효과만을 가져온다. 왜냐하면 소비자란 자신이 필요한 물건이 아니라면 좀처럼 구매욕을 나타내지 않기 마련이다. 또한 소비자란 억지로 떠맡기려 하는 것은 사기 싫어한다. 그럼에도 불구하고 대다수의 세일즈맨은 소비자 입장에서 팔려고 하지를 않는다.

그 좋은 본보기가 있다.

뉴욕 교외의 포리스트 힐즈에 살고 있는 어떤 사람이 어느 날 버스 정류장으로 가는 도중에 그곳에서 부동산 중개업을 하는 토박이를 만났다. 그 업자는 부동산 중개업을 오랫동안 하고 있었고 그가 살고 있는 집을 소개해 주기도 했다. 그런 인연도 있고 해서 그는 그 집을 지을 때 사용했던 목재가 어떤 것인지를 물어보았다.

그런데 그 업자는 잘 모르겠다면서 정 궁금하면 목재상협회에 전화를 걸어 물어보라는 것이었다. 그런 정도의 상식쯤이야 누구라도 알 수 있는 것 아닌가. 그런 그에게 약간의 실망감이 들 수밖에 없는 것은 당연한 것이었다.

그런데 그 이튿날, 그 업자로부터 편지가 왔다.

'어제 물어본 것을 알아보고 연락해 준 것일까? 그런 일이라면 전화를 이용해도 1분도 안 걸릴 텐데……'

그는 약간 미안한 생각을 가지고 편지를 뜯어보았다. 그런데 내용은 그게 아니었다. 상대는 그 전날과 마찬가지로, 목재에 관해서는 목재상협회에 전화로 물어보라는 말만을 되풀이하고 나서는, 자기가 현재 모집하고 있는 부동산 보험에 가입해 달라는 부탁이었다.

부동산업자는 상대방에게 도움이 될 만한 일에는 도무지 관심이 없었다. 단지 자신에게 이로운 일에 대해서만 흥미를 나타낼 뿐이었다. 그렇기 때문에 그는 한 사람의 고객을 잃게 된 것이다.

우리 주변에는 충분한 교육을 받았다고 자부하는 사람들도 이와 같은 과오를 자주 범하는 것을 발견할 수 있다. 언젠가 K가 유명한 이비인후과 의사에게 치료를 받기 위해 그의 병원을 찾은 일이 있었다. 그런데 그 의사는 K의 편도선을 진찰하기도 전에 직업부터 물어왔다.

그는 K의 편도선 상태보다도 주머니 상태에 더 많은 관심이 있었던 것이다. 인간의 생명을 보살피는 의사로서, 사람들의 건강에 신경을 쓰기보다는 돈벌이에만 급급했던 그는 결국 손해를 보게 되었다. 왜냐하면 K는 그 의사의 인격을 경멸하며 치료를 받지 않고 그냥 나와 버렸기 때문이다.

세상에는 이처럼 자기 생각만 하며 이기적으로 행동하는 인간들도 가득하다. 그러므로 자기 자신보다도 남을 위해 봉사하려는 소수의 사람들이 더 유리한 상황이 되고 있다. 다시 말하면 이런 사람들에게는 성공의 경쟁자가 거의 없는 셈이다.

상대방의 입장을 먼저 고려하라

인간의 행동이란 마음속에서 비롯된 욕구로부터 생겨난다. 따라서 사람을 움직이는 최선의 방법은 상대방이 원하는 문제를 같이 이야기하고, 또한 그것에 대하여 조언을 해주는 것이다. 만일 당신이 지금 당장이라도 어느 누구를 움직이려 한다면 이 사실을 꼭 명심해 두어야 한다. 성공의 비결이라는 것이 있다면, 그것은 상대방의 입장을 먼저 이해하고 자신의 입장과 상대방의 입장을 동시에 비교하며 사물을 대하는 능력일 것이다.

인간적인 마음에 호소하라

고객에 대한 정보가 불확실한 경우 무조건 그를 훌륭한 사람으로 보고 일을 진행해야 한다. 공정한 인물로 인정받으면 결코 나쁜 짓은 할 수가 없는 법이다.

미주리 주에는 한때 세상을 떠들썩하게 했던 제시 제임스가 살았던 농장이 있다. 지금 그 농장에는 제시의 아들이 살고 있다.

제임스가 기차나 은행을 습격했던 당시의 상황과 빼앗은 돈을 주위의 가난한 농부들에게 나누어준 이야기 등이 제시 제임스의 아내를 통해 알려졌다. 제시 제임스는 훗날의 더치 슐츠나 쌍권총 크롤리, 알 카포네 등과 같이 자신을 이상주의자로 믿고 있는 것 같았다. 문제는 바로 모든 사람은 자신이 헌신적이고 훌륭한 인물로 비춰지기를 바라며 자신에 대해 큰 자부심을 갖는다는 점이다.

미국의 유명한 은행가이며 미술 수집가로도 알려진 J. P. 모건은 그의 수필집에서 인간의 심리에 대해 이렇게 말했다.

'사람은 자기 행동에 두 가지의 큰 이유를 가지고 있다. 한 가지는 그럴듯하게 보이기 위한 이유이고, 또 하나는 진실된 동기가 그 이유이다.'

사람들은 진실된 이유보다 그럴듯하게 보일 수 있는 동기를 찾아내려고 하는 것이다. 다른 사람에게 비치는 자신의 모습을 바꾸기 위해서는 숭고하고 고결한 사람의 마음에 호소해야만 되는 것이다.

이러한 사실을 사업상으로 활용해 보는 것은 어떨까?

펜실베이니아 주의 글리놀하덴에서 아파트 임대업을 하고 있는 해밀턴 패럴의 경우를 들어 한 번 생각해 보자.

패럴은 계약 기간이 아직도 4개월이나 남아 있는 상태에서 당장 집을 비우겠다고 위협하는 무뚝뚝한 입주자 하나를 만났다. 집세는 겨우 월 55달러였지만 그런 것과는 상관없이 당장 이사를 가겠다고 통고해 온 것이다.

그들 가족은 1년 중 임대료가 가장 비싼 겨울 동안 나의 아파트에서 아주 싼 가격으로 살아왔다. 그런데 갑자기 집을 비우게 되면 가을 전에는 아파트를 임대하기가 퍽 힘들어질 것을 나는 잘 알고 있었다. 결국 220달러의 손해를 봐야 하는 처지였다.

나는 무척 화가 났지만 꾹 참았다. 다른 때 같았으면 계약서를 들이밀고 상대방을 마구 공격하며 다시 한 번 계약서를 읽어보라고 대들었을 것이다. 그리고 기어코 집을 비우겠다면 계약의 잔액을 다른 방법을 써서라도 반드시 회수하겠노라고 호통 쳤을 것이다.

그러나 나는 좋게 해결할 수 있는 방법은 없을까 하고 생각하다가 다음과 같이 말했다.

"말씀은 잘 알아들었습니다만, 나는 당신이 아무래도 집을 옮길 것 같지는 않습니다. 오랫동안 이 일을 해오다 보니 사람의 성격을 조금은 볼 줄 알고 있었지요. 아직도 그 생각에는 변함이 없습니다. 이 사실에 대해서는 내기를 해도 좋다고 생각됩니다.

그런데 한 가지 부탁이 있습니다. 우리 서로 이 문제에 대해서 며칠 동안만 더 생각해 보면 어떨까요? 만약 이번 달의 월세 지불 날인 다음날 초하룻날까지 당신의 마음에 변함이 없다면 그때는 나도 당신의 결정에 따르도록 하지요. 언제든지 당신이 편안하게 이사 갈 수 있는 특권을 드리겠습니다. 나는 당신이 약속을 어기지 않을 분이라는 판단에는 변함이 없습니다만 그것도 사람의 일이기 때문에 서로 간에 차이가 생길 수는 있겠지요."

며칠 후 그는 직접 나를 찾아와서 월세를 치러주었다. 그들 부부가 상의한 결과 그냥 머물러 살기로 작정했다는 것이었다. 명예를 지키기 위해선 계약에 충실해야 한다는 결론에 도달했던 것이다.

신문 발행인인 노스클립 경은 한 신문사에서 자신의 허락도 없이 사진을 게재한 것을 발견하고는 그 신문사의 편집자에게 편지를 보냈다.

내 사진을 다시는 게재하지 말라거나 그런 것은 좋지 않다는 등의 내용은 쓰여 있지 않았다. 대신 그는 더 고결한 동기에 호소했다. 그는 모든 사람이 가지고 있는, 자기 어머니에 대한 존경심과 사랑에 대고 호소하는 문구를 선택했다.

'다시는 내 사진을 게재하지 않기를 바랍니다. 아들을 사랑하시는 제 어머니께서는 그런 것을 좋아하시지 않으니까요.'

록펠러 2세도 사진 기자들이 자기 아이들을 마음대로 찍는 것을 막으려 했을 때도 역시 그 고결한 마음에 호소했다.

'우리 애들의 사진이 게재되는 것을 원치 않습니다.' 등의 말은 결코 하지 않았던 것이다. 그는 어린이들의 마음에 상처를 주지 않으려는 인간의 공통된 심정에 호소했다.

"여러분들 중에도 자녀가 있는 분들은 잘 아실 것입니다. 아이들을 신문에서 너무 많이 광고하는 건 그 아이들을 위해서 결코 좋지 않다는 사실을 말입니다."

메인 주의 어려운 집안에서 태어나서 거액의 재산을 모은 입지전적인 인물이 있다. 그는 <세터데이 이브닝 포스> 지와 <레이디스 홈 저널> 지의 창시자인 사일러스 커니스이다.

사업에 첫발을 내밀었을 때, 그는 다른 잡지사에서 지불하는 정도의 원고료를 지불할 능력이 없었다. 또한 돈에 이끌려 다니는 1급 작가들을 고용할 능력도 없었다. 그는 그들의 고결한 마음에 호소해 보는 수밖에 없었다.

그는 당시 가장 인기 있던 《작은 아씨들》의 작가 루이자 메이 올컷 여사에게 원고를 써주었으면 고맙겠다는 부탁을 했다. 그는 단 1백 달러를 고결한 그녀의 자선심에 대한 대가로 지불하고 원고를 받아냈던 것이다.

이 이야기를 듣고 어떤 회의론자는 이렇게 반박할는지도 모르겠다.

"그렇게 어리석은 수법이 노스클립이나 록펠러, 또는 감상적인 소설가에게는 통할는지도 모르지. 하지만 돈을 받아내야 할 까다로운 작가들한테도 과연 그게 통할까?"

이 지적은 지극히 옳다. 어떤 경우라도 적용되는 법칙이란 있을 수 없다. 소용되는 경우도 있을 것이고 사람에 따라서는 특히 적용되지 않는 경우가 더 많을 것이다. 당신이 만약 지금 더 나은 방법을 알고 있고, 그 결과에 만족하고 있다면 그것을 바꿀 이유는 없다. 그렇지 않다면 한 번쯤 시험해 보는 것도 좋지 않겠는가?

제임스 L. 토머스가 들려주는 체험담을 예로 들어보자. 토머스가 다니는 자동차 회사에서 애프터서비스를 받은 고객 중에서 6명이 수리비 지불을 거부한 적이 있었다. 청구서 전액을 거부한 것이 아니라, 저마다 부당하다고 생각되는 수리비의 일부를 거부한 것이다.

미리 고객들의 승인 서명을 받은 뒤에 수리를 했던 것이기 때문에 회사 측에서는 어이가 없었다. 바로 그것이 실수였다. 영업부 직원은 그 미수금 회수를 위해서 다음과 같은 조치를 취했다. 그런데 과연 이 조치를 통해 소기의 목적을 달성했을까?

① 고객 한 사람을 각각 방문하여 청구서를 보낸 뒤 기일이 지났으므로 미수금을 반드시 지불해 달라고 장황하게 설명한다.

② 청구서 내용에는 이상이 없으므로 잘못 생각한 것은 고객 쪽이라고 명백히 밝힌다.

③ 자동차에 대해서는 고객보다 회사 측이 더 많이 알고 있으므로 문제의 여지가 있을 수 없다고 주장한다.

그 결과는 당연히 분쟁으로 연결되었다. 이 방법으로는 고객과 화해하고 지불 문제를 해결할 수 없다는 건 당신도 알고 있을 것이다. 영업부장은 이 문제를 법으로 따져서라도 미수금을 받아내고야 말겠다고 했다.

그런데 총무부장이 고객들을 다시 조사해 본 결과, 그들은 수리비 따위를 빨리 결제해 주기로 소문난 사람들이었다. 그는 우선

수금 방법에 문제가 있음을 발견했다. 제임스 L. 토머스를 불러들여 이 미수금을 받아오도록 지시했다. 토머스는 다음과 같은 방법을 썼다고 설명했다.

① 다른 미수금을 처리할 때처럼 고객들을 직접 방문하되, 미수금에 대해서는 말하지 않고, 다만 지금까지의 서비스 상태를 조사하기 위해 왔노라고 했다.

② 고객의 말을 직접 들어보기 전에는 판단을 내릴 수 없다는 입장을 밝히고, 회사 측에도 잘못이 있을지 모른다고 말했다.

③ 내가 알고 싶은 것은 자동차에 관한 일인데, 그 차에 대해서는 당신이 그 누구보다 더 잘 알고 있으므로 당신이야말로 이 문제의 최고 권위자라고 말했다.

④ 상대가 말하도록 한 뒤 동정과 흥미를 보이며 귀를 기울였다.

⑤ 마지막으로 고객이 화가 난 이유를 확인한 뒤 그의 공정한 판단에 호소했다. 즉, 그의 고결한 심정에 호소한 것이다.

"먼저 이 문제가 잘못 다루어진 점을 저도 잘 알고 있습니다. 그런 일은 절대로 있어서는 안 되는 일이지요. 회사 대표로서 깊이 사과드립니다. 당신의 말씀을 듣고 저는 당신의 공정하고 인내심 있는 태도에 크게 감동했습니다.

한 가지 부탁드릴 것이 있습니다. 이 일은 당신이 아니면 누구도 할 수 없으며, 당신이 가장 잘 아는 일입니다. 다름 아닌 미수금 문제입니다. 이 청구서의 액수를 조정해 주십시오. 당신이 저희 회사의 사장이 된 입장에서, 당신의 판단대로 고쳐주신다면 저희는 그대로 따르겠습니다."

토머스는 이렇게 6명의 고객을 찾아다녔다. 청구액은 150달러에서부터 400달러짜리까지 있었는데 놀라운 효과를 얻어냈다. 6명 중 5명이 회사 쪽에 양보를 해서 전액을 지불했고 한 사람만이 끝내 지불을 거절했다.

더욱 놀라운 일은, 그는 그 후 2년간에 걸쳐 이들 6명의 고객에게 새 차를 팔 수 있었다. 이 일에 대해 토머스는 다음과 같이 말했다.

"고객에 대한 정보가 불확실한 경우 무조건 그를 훌륭한 사람으로 보고 일을 진행해야 한다. 그들이 성실하고 정직하며 진실하다고 확신시켜주면서 대금을 지불하기를 바라는 것이 가장 안전한 방법이다.

사람은 누구나 정직하게 의무를 다하기를 원한다. 비록 속이려는 마음을 가지고 있다 하더라도 진심으로 신뢰받고 공정한 인물로 인정받으면 결코 나쁜 짓은 할 수가 없는 법이다. 다른 사람이 당신의 생각을 따르게 만들려면, 고결한 동기에 호소하라."

진실로 마음이 악한 사람은 없다, 그곳에 호소하라

상대방에 대한 정보가 부족한 경우 무조건 그를 훌륭한 사람으로 생각하고 대하라. 그들이 성실하고 정직하며 진실하다고 믿는다면 그들 또한 당신에게 그만한 보답을 하게 된다.

사람은 누구나 정직하게 의무를 다하기를 원한다. 비록 속이려는 마음을 가지고 있다 하더라도 진심으로 신뢰받고 공정한 인물로 인정받으면 결코 나쁜 짓은 할 수가 없는 법이다. 다른 사람이 당신의 생각을 따르게 만들려면, 고결한 동기에 호소하라.

상대방이 최고라는 인식을 심어주자

상대방이 최고의 직업자라는 것을 인식시켜주는 순간 상대방은 그렇게 되기 위해 어떠한 수고도 아끼지 않는 법이다. 경쟁심을 북돋아줄 때 자신의 일에 적극적으로 참여하게 된다.

유명한 파이어스톤 타이어 회사의 창립자인 하베 파이어스톤은 이렇게 말했다.

"나는 이제껏 보수에 따라서 누군가의 협력을 얻는 일이 좌우되는 것을 본 적이 없습니다. 유능한 사람을 돈으로 매수하려는 건 어리석은 것이지요. 급료를 많이 준다고 해서 인재가 확보되는 것은 아니니까요. 우리는 그 방법보다는 자기만족에 주안점을 크게 둡니다. 일종의 게임이지요."

이 게임은 성공한 모든 사람들이 즐겨하던 것이다. 자기를 표현하고, 자기 가치를 증명하며, 자기가 승리할 수 있는 기회를 갖게 하는 것이다. 이것이 모든 경기를 가능하게 한다. 일등을 하겠다는 욕구를 통해 자신의 중요성을 확인받는 것이다.

찰스 슈와브가 담당하는 공장 중에는 실적이 전혀 오르지 않는 주물공장이 하나 있었다. 공장 시설도 뛰어나고, 유능한 공장장도 채용했는데 언제나 적자인 이유를 알 수 없었다. 그는 공장장을 불렀다.

"자네는 상당히 유능한 사람인데, 이렇게 공장이 제대로 운영되지 못하는 이유는 뭔가?"

"종업원들이 자기 일에 열의가 없습니다. 그들을 설득도 해보고 파면시키겠다고 위협도 해봤지만, 아무런 효과도 없었습니다. 그때만 열심히 하는 척하다가 금방 꾀를 부리는 걸 어떡합니까?"

어느 날 저녁, 야간 근무 교대가 이루어지기 직전에 슈와브는 공장을 방문해서 한 종업원에게 물었다.

"오늘 자네들이 완성한 주물은 몇 개나 되나?"

"6개입니다."

슈와브는 아무 말 없이 주머니에서 분필을 꺼내더니 공장 바닥에 굵고 크게 '6'이라고 써놓고는 공장을 나갔다. 교대한 야간 근무 종업원들이 들어와 바닥에 써놓은 숫자의 의미를 주간 근무 종업원에게 물었다.

"저녁에 사장이 와서 오늘은 주물을 몇 번이나 부었느냐고 묻길래 여섯 번이라고 했더니 이렇게 '6'이라고 써놓고 나갔어."

다음날 아침, 슈와브는 다시 공장을 찾아갔다. 자신이 전날 크게 '6'을 써놓았던 자리에 '6' 대신 '7'이 씌어 있었다. 그 숫자를 발견한 주간 근무 종업원들은 가슴속에서 치밀어오르는 어떤 경쟁의식을 느꼈다. 그것은 명백한 도전이었다. 야간 근무조가 도전을 해왔으므로 주간 근무조도 가만히 있을 수는 없었다.

그들은 적극적으로 일에 몰두했고 작업을 마쳤을 때는 '7'을 지우고 '10'을 자랑스럽게 적어 넣을 수 있었다.

그 결과, 일의 능률은 점차 향상되었고 한 달도 채 못 되어 공장은 적자에서 벗어날 수 있었다. 이러한 경영 원리에 대해 찰스 슈와브는 이렇게 말했다.

"경쟁심을 북돋아줄 때 자신의 일에 적극적으로 참여하게 됩니다. 탐욕과 돈벌이 경쟁이 아닌 자신이 하고 있는 일에서 가장 뛰어나고 싶다는 경쟁의식을 불러일으키는 것이 가장 효과적인 방법입니다."

자신의 분야에서 가장 뛰어나고 싶다는 욕망을 부추겨서 대항의식에 호소하는 방법이다. 이런 도전의식이 없었다면 루즈벨트도 결코 미국 대통령이 될 수는 없었을 것이다. 그는 쿠바에서 돌아오자마자 뉴욕 주지사로 임명되었다. 그러나 반대파에서는 그가 뉴욕 주의 합법적 거주자가 아닌 점을 문제 삼기 시작했다.

루즈벨트는 당황해서 주지사를 사퇴하려고 했다. 그때 토머스 코리어 플래트가 루즈벨트에게 큰 목소리로 호통을 쳤다.

"당신이 그러고도 산 주앙 힐 전선의 용사였는가? 이런 겁쟁이 같으니라구. 우리가 사람을 잘못 봤구먼!"

루즈벨트는 마음을 바꾸고 끝까지 대결했다. 그 결과 주지사에서 나아가 미국 대통령에 오르게 되었던 것이다. 도전심이 그의 생애를 바꾸어놓았을 뿐만 아니라 미국 역사에도 지대한 영향을 끼치게 된 것이다.

알 스미스 역시 이 같은 자극이 갖는 위력을 잘 알고 있었다. 뉴욕 주지사로 있을 당시 그는 악명 높은 '싱싱 형무소'의 교도소장을 구하지 못해 고심하고 있었다. 싱싱 형무소에 관한 좋지 못한 온갖 소문이 팽배해 있었으므로 그곳을 정상화할 수 있는 강력한 사람이 필요했다. 누가 적임자일까 고심하던 끝에 그는 뉴햄프턴에 있는 루이스 로스를 내정했다. 그는 로스를 불러놓고 이렇게 말했다.

"자네가 싱싱을 한 번 맡아보는 게 어떤가? 그곳은 경험이 많은 사람이 아니면 해내기 어렵다네."

로스는 당황했다. 싱싱 교도소의 소장 자리가 얼마나 불안정한 곳인지 잘 알고 있었다. 정치 세력의 향방에 따라 생사가 왔다갔다하는 자리였던 것이다.

소장은 계속 바뀌고 있었다. 재임 기간이 불과 3주일도 못 되는 사람도 있었다. 무턱대고 맡는 것은 너무나 위험했다. 자신의 장래도 고려해 보고, 과연 위험을 무릅쓰고 나설 만한 가치가 있는 일인지 곰곰이 따져봐야 했다. 이렇게 망설이고 있는 그를 향해 스미스 지사가 껄껄 웃으면서 말했다.

"젊은 친구, 자네가 겁을 집어먹고 금방 결정하지 못하는 것도 무리는 아니지. 정말 힘든 자리니까 말일세. 그 자리는 그야말로 거물만이 감당할 수 있거든."

스미스 지사는 로스의 도전 심리를 자극했던 것이다. 로스는 '거물'이라는 말에 마음이 움직였다. 그는 소장 자리에 취임한 뒤 오랫동안 열심히 일했다. 그 결과, 현존하는 형무관 중에 가장 유명한 인물이 된 것이다. 그가 저술한 《싱싱에서의 20년》이라는 책은 수십만 부가 팔렸다. 또한 라디오에서도 방송했으며, 그의 교도소에서의 경험담은 10여 편의 영화로도 제작됐다. 그가 제안한 '재소자 대우 개선론'은 형무소에 개혁을 일으키기도 했다.

상대방이 최고의 적임자라는 것을 인식시켜주는 순간 상대방은 그렇게 되기 위해 어떠한 수고도 아끼지 않는 법이다.

돈만으로 상대방의 협력을 얻을 수는 없다

유능한 사람을 돈으로 묶으려드는 건 어리석은 짓이다. 급료를 많이 준다고 해서 인재가 확보되는 것은 아닌 것이다. 그보다는 자기만족을 얻을 수 있는 여건을 만들어주어야 한다. 이 방법은 성공한 많은 사람들이 증명해 주고 있다. 자기를 표현하고, 자기 가치를 증명하며, 자기가 승리할 수 있는 기회를 갖게 하는 것이다. 이것이 모든 어려움을 이기게 만든다. 최고가 되겠다는 욕구를 통해 자신의 중요성을 확인받는 것이다.

상대방에게 기대를 거는 만큼 격려하라

상대방을 내 편으로 이끄는 데 있어 자신감을 일깨워주고, 용기와 신념을 불어넣어주는 것보다 더 훌륭한 방법은 없다.

"어딘가에 좋은 점을 찾아내서 경의를 표하면 대부분의 사람은 이쪽이 원하는 대로 따라오기 마련이다."

볼드윈 기차 제조회사의 사무렝 보클린 사장의 말이다.

다시 말하면 상대방의 어떤 점을 고쳐주려고 한다면 그 점에 있어 그는 이미 다른 사람보다 뛰어나다고 말해 주기만 하면 된다.

'비록 덕이 없더라도 덕이 있는 것처럼 처신하라.'고 셰익스피어는 말했다. 상대방에게 어떠한 장점을 발휘시키고자 한다면 그가 그 장점을 이미 지니고 있는 것처럼 가정하고 그렇게 대접해 줄 일이다. 좋게 생각하면 그 사람은 당신의 기대에 어긋나지 않도록 노력할 것이다.

뉴욕에 사는 어니스트 겐트라는 부인은 어느 날 집안일을 돌보는 사람을 두기로 하고 사람을 구했다. 그러는 사이 그 부인은 다음 주부터 일을 시작할 가정부의 전 고용주에게 전화를 걸어 가정부에 관한 여러 가지 이야기를 들었다. 그 결과 가정부에게 몇 가지 문제가 있음을 알게 되었다.

약속한 날에 가정부가 오자 부인은 다음과 같이 말했다.

"넬리, 나는 며칠 전에 너의 전 주인에게 전화를 걸어 너에 관한 이야기를 들었어. 그분의 말씀이 너는 아주 정직하고 믿음직스럽고, 요리 솜씨도 훌륭하며 아이들 뒷바라지도 썩 잘한다고 하더군. 그런데 청소 솜씨는 좀 깔끔하지 못한 편이라고 하더구나. 설마 그 말이 사실은 아니겠지? 난 그 말을 그대로 믿을 수가 없어. 네 옷차림이나 얼굴이 깨끗한 것만 보더라도 나는 알 수가 있어. 너는 옷차림처럼 집안 청소도 깔끔하게 해줄 것으로 생각하는데, 우리 한 번 힘을 합쳐서 잘해 보도록 하자꾸나."

결국 그들은 잘해 나갈 수 있었다. 넬리는 부인이 자기에게 기대를 거는 만큼 그 기대에 어긋나지 않도록 열심히 일했다. 집안은 늘 깨끗이 정돈되어 있었다. 부인의 기대에 부응하려고 근무시간 외에도 기꺼이 청소를 했다.

옛말에 '개를 죽이려면 그 개를 미친개라고 불러라.' 라는 말이 있다. 일단 악평이 나면 구제되기가 힘들다는 말인데, 그와 반대로 호평이 나면 어떻게 되겠는가? 가난뱅이나 도둑, 거지, 그 밖의 어떤 사람이라도 좋은 평을 받게 되면 자연히 그 평판에 어긋나지 않도록 하려고 노력하는 법이다.

'악인과 접촉하지 않으면 안 될 경우가 생기면, 그를 존경할 만한 신사로 생각하고 그렇게 대접해야 한다. 그 방법 외에는 그와 대항할 도리가 없다. 신사 대접을 받게 되면 상대방은 신사로서 부끄럽지 않게 행동하려고 노력할 것이다. 그리고 남의 신뢰를 받는다는 것에 뿌듯한 감정을 느끼게 된다.'

이는 싱싱 교도소장의 경험담이다. 누구든지 남의 신뢰와 기대에 어긋나지 않으려는 본능을 가지고 있는 만큼 이것을 이용하는 것은 아주 커다란 효과를 가져다준다. 상대방을 좋은 길로 이끌려면 그에게 기대를 걸고, 그 기대에 어긋나지 않도록 노력하게 하라.

아이들이나 종업원에게 바보라든지 무능하다든지 둔하다든지 하는 욕을 하는 것은 그들의 발전성을 송두리째 잘라버리는 결과를 가져오게 된다. 그 반대로 기대를 걸고 있다며 격려해 주고 무슨 일이라도 능히 할 수 있다는 확신을 심어주기만 하면 결과는 생각 이상으로 훌륭하게 맺어진다.

상대방의 능력을 이쪽에서 믿고 있음을 알게 하라. 그러면 그 사람은 자기의 우수성을 과시하기 위해서라도 노력하게 된다.

카드 게임의 일종인 브리지 게임에 대한 이야기가 하나 있다. 컴버트슨은 어느 젊은 여성으로부터 '당신은 브리지 소질이 아주 뛰어나다.'라는 말 한 마디에 그 방면의 일인자가 되었다.

컴버트슨은 철학과 사회학 교사가 되려고 했지만 적당한 자리가 없었다. 그래서 그는 석탄 장사를 시작했는데 실패하고 말았다. 그 다음에는 커피 판매도 해보았다. 이것 역시 실패였다.

그 당시의 그에게는 브리지의 선생이 되려는 생각은 추호도 없었다. 트럼프 솜씨도 아주 서툴러서 여럿이 모여 노는 판에는 끼지도 못할 정도였다. 처음부터 묻기만 해서 옆 사람을 귀찮게 하고, 승부가 끝나면 게임의 결과를 꼬치꼬치 따지고 들기 때문에 아무도 그와 놀기를 원하지 않았다.

그러던 어느 날 조세핀 딜론이라는 미모의 브리지 교사와 알게 되어 그것이 사랑으로 발전했고, 결국에는 결혼까지 하게 되었다. 그녀는 그가 면밀히 카드를 분석하는 모습을 보고 그에게 트럼프 경기에 대해 천부적인 소질이 있다고 칭찬해 주었다. 컴버트슨이 브리지의 권위자가 되게 한 것은 바로 그 한 마디의 칭찬이었던 것이다. 그러므로 사람을 고치려거든 자기 능력에 대한 자신감을 갖도록 격려할 일이다.

40대의 독신자가 있다. 그 사람은 뒤늦게 어느 여성과 약혼을 하게 되었다. 그런데 그 상대의 여성이 그에게 댄스를 배우라고 졸라댔다. 이 문제에 대해서 그는 이렇게 말했다.

"나는 젊었을 때 배운 대로 20년간이나 똑같은 댄스를 춰왔기 때문에 한 번 고쳐볼 필요성이 있다고 생각했어요. 그래서 교습소를 찾아갔더니 강사는 내 춤이 너무나 엉터리라고 말하더군요. 아마 그것은 사실이었을 겁니다. 처음부터 다시 배워야 한다는 바람에 맥이 빠져 그만두고 말았지요.

그래서 다른 교습소를 찾아갔는데, 그쪽이 훨씬 내 마음에 들었습니다. 그 이유는 내가 춤추는 법이 유행에는 약간 뒤떨어졌을 뿐이며, 기초가 튼튼하므로 새로운 스텝도 곧 습득할 수 있을 거라고 말해 주었던 것입니다. 그 강사는 처음 강사와는 정반대였지요. 장점을 알아주고 단점은 별로 지적하지 않았던 것입니다. 리듬도 잘 알고 있으며 소질도 다분히 있다고 말해 주더군요. 일단 그 말을 듣고 나니 내 자신이 서툴다는 것을 알면서도 꼭 그렇지만은 않은 것 같다는 생각을 가지게 됐지요. 하여튼 그 칭찬 덕분에 내 댄스 솜씨는 눈부시게 숙달되었던 것입니다. 그 강사의 말이 나에게 희망을 주었으며, 향상과 발전을 재촉해 준 것입니다."

상대방을 내 편으로 이끄는 데 있어 자신감을 일깨워주고, 용기와 신념을 불어넣어주는 것보다 더 훌륭한 방법은 없다.

사람은 기대를 거는 만큼 노력하게 된다
상대가 누구든지 간에 바보라든지 무능하다든지 둔하다든지 등의 말을 하는 것은 그들의 발전성을 송두리째 잘라버리는 결과를 가져오게 된다. 그 반대로 기대를 걸고 있음을 알게 하고, 무슨 일이든 능히 할 수 있다는 확신이 부족할지라도 상대방이 이미 훌륭한 장점을 가지고 있는 것처럼 대접하다면 그 사람은 당신의 기대에 어긋나지 않도록 다할 것이다. 상대방의 능력을 이쪽에서 믿고 있음을 알게 하고 격려하라.

함부로 남을 모욕하지 말라

모든 것을 알게 되면 모든 것을 용서하게 된다. 그런 과정을 거치다보면 자연스럽게 상대방에 대한 이해와 관용의 마음가짐이 저절로 생겨나게 마련이다.

링컨은 포드 극장에서 3류 배우인 부스에게 저격을 당했다. 그리고 얼마 후 링컨은 그 극장 바로 건너편에 있는 어느 싸구려 하숙집의 지저분한 침상으로 옮겨져 마지막 숨을 몰아쉬고 있었다.

침대는 너무 작아서 키가 큰 링컨의 다리가 바닥에 닿을 정도였고, 곰팡이로 얼룩진 벽면에는 복사판 그림이 걸려 있었다. 그리고 가스등의 새파란 불꽃이 어둠침침한 방 안을 창백하게 비추고 있었다. 이 서글픈 광경을 지켜보던 스탠튼 육군 장관은 울먹이는 목소리로 이렇게 말했다.

"여기 누워 계신 분처럼 완벽하게 인간의 마음을 지배했던 사람은 이 세상에 다시는 존재하지 않을 것입니다."

링컨이 그토록 사람들을 잘 다루었던 비결은 무엇일까? 카네기는 링컨의 생애를 10년간에 걸쳐 조사하였다. 카네기는 만 3년에 걸쳐 《링컨의 인생 비사》라는 책을 집필했기 때문에 링컨의 사람됨과 그의 가정생활에 대해서는 그 누구보다도 깊이 알고 있다고 자부하고 있으며, 그중에서도 특히 링컨의 '사람 다루는 법'을 집중적으로 연구 조사했기 때문에 비교적 정확한 답안을 제시하는 것 같다.

링컨도 다른 사람들을 비난했을까? 그렇다. 사실 그것은 그의 취미라 해도 과언이 아닐 정도였다. 인디애나 주의 피전 크릭 벨리에 살던 젊은 시절, 그는 다른 사람들의 결점을 기가 막히게 찾아내는 재주가 있었다. 그뿐만이 아니었다. 상대방을 비웃는 시나 편지를 써서 사람들이 많이 지나다니는 길가에 살짝 떨어뜨리곤 해서 당사자를 웃음거리로 만들기도 했다. 덕분에 한평생 그에게 원한을 품게 된 사람도 있을 정도였다.

그 후 스프링필드에서 변호사 개업을 한 뒤에도 그는 반대파 인사들을 비난하는 내용을 신문지상을 통해 발표하곤 했는데, 워낙 그 정도가 심해서 결국 한 번은 큰 말썽이 일어나게 되었다.

1842년 가을의 일이었다. 링컨은 허세 부리기 좋아하고 성격이 거칠기로 유명한 아일랜드 태생의 정치가인 제임스 쉴스를 조롱하는 익명의 풍자문을 스프링필드의 <저널> 지에 기고하였다. 이

글이 발표되자 스프링필드는 웃음의 도가니가 되었다. 그러자 다혈질인 쉴스는 화가 머리끝까지 치밀어올라 그 글을 투고한 필자를 결사적으로 찾기 시작했다. 마침내 그 필자가 링컨이란 사실을 알아내자, 그 즉시 말을 타고 달려와 링컨을 비난하며 결투를 신청했다. 링컨은 그것을 받아들일 수밖에 없었다. 그리하여 무기 선택권은 링컨에게 일임되었다. 링컨은 자신의 긴 팔을 염두에 두고 기병용 칼을 선택했다.

결투의 날이 밝았다. 두 사람은 미시시피 강의 드넓은 백사장에 마주 섰다. 그러나 다행히도 막 결투가 시작될 찰나, 쌍방의 중개인이 적극적으로 나서서 화해하는 바람에 서로 사과하는 선으로 모든 일을 매듭짓게 되었다.

이 사건으로 링컨은 상당한 충격을 받았다. 그리고 덕분에 사람들을 상대하는 방법에 대해 매우 귀중한 교훈을 얻게 되었다. 그 일이 있은 후, 링컨은 두 번 다시 사람을 비난하는 글을 쓰지 않았으며 남을 비웃지도 않았다.

미국의 남북전쟁 당시 북군이 남군에게 열세를 면치 못할 즈음, 링컨은 포토맥 지구의 사령관을 여러 번 교체시켜야만 했다. 그 결과 매크럴렌, 포드, 번사이드, 후커, 미드 등 5명의 장군들이 차례로 포토맥 지구의 사령관직을 맡았지만, 한결같이 국민들에게 실망만을 안겨줄 뿐이었다.

링컨은 몹시 난처한 처지에 빠졌다. 국민들은 이들 무능한 장군들을 통렬히 비난했으나 링컨은 '만인에게 악의를 버리고 사랑으로 대하자.'고 스스로 다짐하는 가운데 끝까지 마음의 평정을 잃지 않았다.

'다른 사람의 심판을 받지 않으려면 그들을 심판하지 말라.'

이것은 링컨의 오랜 좌우명이었다. 그는 이러한 자신의 좌우명을 충실히 지키려고 노력했다. 그는 자신의 아내나 다른 사람들이 남부 사람들을 욕할 때마다 이렇게 타일렀다.

"그들을 탓하지는 맙시다. 우리들도 그들의 입장이 된다면 그들과 똑같이 행동하게 될 겁니다."

또 다른 예를 들어보자.

남북전쟁의 막바지에 달했을 무렵, 게티즈버그에서 치열한 격전이 벌어졌다. 리 장군 휘하의 남군들은 북군의 총 공세에 더 이상 견디지 못하고 줄기차게 내리 퍼붓는 폭우 속에 후퇴하기 시작했다.

그러나 포토맥 강은 밤새껏 내린 폭우로 범람하여 남군은 오도가도 못 할 처지에 놓였다. 리 장군은 그 자리에서 주저앉았다. 결국 항복할 도리밖에는 다른 수가 없었다.

링컨에게는 남군을 궤멸시켜 전쟁을 종식시킬 절호의 기회였다.

그는 미드 장군에게 작전 회의는 생략하고 즉시 남군을 추격할 것을 명령했다. 이 명령은 전보로 미드 장군에게 전해졌다. 링컨은 완벽을 기하기 위해 즉시 특사를 파견하여 남군에게 시간을 주지 말고 즉각적인 맹공을 퍼부을 것을 재차 명령했다.

그러나 미드 장군은 링컨의 명령과는 정반대로 행동했다. 그는 작전회의를 열어 공격을 지연시켰고 그 밖에도 여러 가지 구실을 만들어 즉각적인 대응을 거부했다. 그러는 동안, 넘쳐흐르던 강물은 줄어들었고 남군은 유유히 강을 건너 무사히 퇴각할 수 있게 되었다.

링컨은 화가 머리끝까지 치밀었다.

"도대체 이게 무슨 꼴이람!"

그는 자신의 아들에게 이렇게 말했다.

"이런 터무니없는 경우가 어디 있어! 남군은 독 안에 든 쥐었어. 그런데 미드 장군은 내 말을 무시하고 군대를 움직이려고 하지 않았단 말이야. 그 상황이었다면 오합지졸이라도 남군을 무찌를 수 있었을 거야. 나라도 리 장군을 격퇴시킬 수 있었을 거란 말이야."

그리고 링컨은 미드 장군에게 한 통의 편지를 썼다. 그가 몹시 분개한 상태에서 쓰인 이 편지는 결투사건이 있은 다음부터 링컨의 언사가 얼마나 조심스러워졌는지에 대해서 단적으로 나타내고 있다.

미드 장군님께.

나는 리 장군의 탈출로 인해 벌어질 앞으로의 불행한 사태에 대해서 장군께서는 그 심각성을 크게 인식하지 못한 것으로 생각합니다. 사기가 떨어진 적은 바로 우리의 손아귀에 있었습니다. 그럴 때 그들을 추격했더라면 전쟁을 종결시킬 수도 있었을 것입니다.

그러나 우리는 그 절대적인 기회를 놓쳐버렸습니다. 결국 현재로서는 전쟁의 종결을 기대하기가 힘들게 되었습니다. 왜냐하면 이제 우리는 병력의 3분의 1 정도도 사용하기 힘든 상황이 된 것입니다. 그러므로 앞으로는 장군의 활약을 기대하기도 어려운 처지가 되었습니다.

다시 한 번 말씀드립니다만, 장군께서는 천재일우의 기회를 놓친 것입니다. 그 때문에 나 역시 말할 수 없을 정도로 괴로움을 겪고 있습니다.

미드 장군은 이 편지를 받아들고 무슨 생각을 했을까? 유감스럽게도 그는 이 편지를 읽지 못했다. 왜냐하면 링컨은 이 편지를 부치지 않았던 것이다. 편지는 링컨이 죽고 난 뒤 그의 서류함 속에서 발견되었다.

아마도 링컨은 이 편지를 쓰고 나서 한참 동안 창 밖을 내다보며 다음과 같이 중얼거렸을 것이다.

'잠깐 생각해 보자, 내가 너무 서두르고 있는 것이 아닌가? 이처럼 편안하게 백악관에 앉아서 공격 명령을 내리는 것은 쉬운 일이다. 그러나 내가 만약 미드 장군처럼 게티즈버그 전선에서 부하의 죽음을 목격하고 부하들의 비명과 아우성을 들었더라면 아마 나 자신도 선뜻 공격할 마음이 생기지 않았을 것이다. 어쩌면 나 역시 미드와 같은 태도를 취했을지 모른다.

이미 엎질러진 물이다. 이 편지를 보냄으로써 내 기분이 어느 정도 풀릴지는 모르겠지만, 이 편지를 받는 미드의 심정은 어떨까? 당시 그가 어떤 상태였는지는 모르겠지만, 이제 그는 자신의 상황을 정당화시키고 나를 비난하려고 할 것이다. 그렇다면 서로 간의 반감만이 쌓이게 되고 인간관계의 틈이 벌어져 결국 우린 서로 등을 돌리게 될 것이다.'

링컨은 과거의 쓰라린 경험들을 바탕으로 비난과 힐책 등이 서로에게 아무런 도움도 되지 않았다는 사실을 깨닫게 되었고, 그 결과 이 편지를 사장시켜버렸을 것이다.

당신도 남을 비난하고 싶거든 '링컨이라면 이런 경우에 어떻게 처신하였을까?'라고 다시 한 번 생각해 보라. 다른 사람의 결점을 교정해 주려는 마음씨는 분명히 칭찬받을 만한 것이다. 그러나 우리는 남을 비난하기 전에 먼저 자신의 결점을 되돌아보는 마음가짐이 중요하지 않을까.

어떤 면에서는 그것이 오히려 이기적인 생각이 될 수도 있겠지만, 함부로 다른 사람의 결점을 꼬집기보다는 자기 자신의 결점을 고치려는 시도가 훨씬 더 유익하며 건전한 방법이 아닐까.

1931년 5월 7일 뉴욕 시에서는 대규모의 범인 소탕 작전이 전개되었다. 세상에서 보기 드문 살인범이며 명사수인 일명 쌍권총이 몇 주간에 걸친 경찰의 집요한 추적 끝에 덜미를 잡힌 것이다. 크롤레는 경찰에 쫓겨 웨스트엔드 가에 위치한 어느 아파트로 도망쳐 들어왔다. 무려 150여 명이나 되는 경찰들이 크롤레가 숨어 있는 아파트 지붕에 구멍을 뚫은 후 크롤레가 숨어 있는 방 안으로 최루탄을 집어넣었다.

그러나 크롤레는 완강하게 버텼다. 그는 두툼한 소파 뒤에 몸을 숨긴 채 경찰들을 향해 끊임없이 쌍권총을 쏘아댔다. 이에 반격하는 경찰들의 권총과 기관총 소리가 뉴욕의 고급 주택가를 1시간 30분 동안이나 뒤흔들었다. 그리고 거의 1만여 명에 달하는 시민들이 골목 곳곳에 숨어서 이들의 활극을 숨죽인 채 지켜보고 있었다.

마침내 '경찰 킬러'라는 또 하나의 별명을 갖고 있었던 크롤레는 경찰의 대대적인 공세에 밀려 체포되었고, 뉴욕 경찰국장인 멀리우네는 그가 뉴욕 범죄 사상 가장 흉악하고 위험한 자였으며 '아주 사소한 동기'만으로도 능히 사람을 죽일 수 있는 타고난 범죄인이라고 발표했다.

그렇다면 '쌍권총' 크롤레는 자기 자신을 어떻게 생각하고 있었을까? 그에 대한 해답으로, 총격전이 벌어졌을 때 크롤레가 자신의 죽음을 염두에 두고 쓴 유서가 있다. 그가 쓴 유서는 총상을 입고 흘린 피로 흠뻑 젖어 있었다.

  '내 몸 안에는 삶에 지친 영혼이 자리 잡고 있다. 그러나 내 영혼은 온화하고 정에 넘친다. 나는 어느 누구도 다치게 하고 싶지 않았다.'

  그렇다면 그가 체포되기 직전에 했던 행동은 어떻게 설명할 것인가? 그는 롱아일랜드의 한적한 도로변에 차를 세워놓고 자신의 정부와 카섹스를 즐기고 있었다. 그런데 어떤 경관이 자동차 앞으로 다가와 운전면허증 제시를 요구했다. 이때 크롤레는 다짜고짜 주머니에서 권총을 꺼냈고 그 경관을 향해 탄알이 떨어질 때까지 방아쇠를 당겼다. 그리고 차에서 뛰어내려 이미 죽어 넘어진 경관의 총을 빼내 다시 머리를 쏘았다.

  이런 살인마를 과연 '어느 누구도 다치게 하고 싶지 않은 영혼'의 소유자라고 할 수 있을까? 크롤레는 결국 사형 선고를 받았다. 싱싱 형무소의 전기의자에 앉게 되었을 때 그는 과연 어떤 심정이었을까? '그렇게 수많은 사람들을 죽였으니 내가 이렇게 된 것도 자업자득이지.'라고 생각하며 참회했을까?

  천만에! 그는 결코 그렇지 않았다.

"나는 나 자신을 지키려고 했던 것뿐인데 이런 꼴을 당하다니, 억울하다!"

이것이 '쌍권총' 크롤레의 마지막 말이었다. 그는 마지막 순간까지 자신의 잘못을 조금도 뉘우치지 않았던 것이다. 크롤레와 비슷한 생각을 지닌 범죄자들은 의외로 많다.

"내 생애의 황금기를 바쳐 사람들을 도와주고 서로 잘 지내기 위해 노력했는데, 그 대가가 겨우 온 세상의 비난과 범죄자란 낙인뿐이란 말인가!"

일찍이 시카고를 손아귀에 쥐고 흔들며 미국을 공포의 도가니로 몰아넣었던 암흑가의 왕자 알 카포네도 이런 탄식을 했다. 그토록 극악한 인간도 자기 자신을 악한이라고 생각지 않았던 것이다.

알 카포네나 크롤레처럼 악당들은 스스로를 악당이라고 생각지 않는다. 오히려 자기 자신을 자선가나 의인으로 생각하면서, 세상 사람들이 그 점을 인정해 주지 않는다고 불평하는 것이다.

뉴욕에서 라이벌 폭력 조직의 총격을 받고 비참하게 목숨을 잃은 더치 슐츠 또한 그랬다. 그는 뉴욕에서 손꼽히는 악당 두목이었다. 그런 인간도 어느 신문기자와 만난 자리에서, 자기 자신이야말로 이 사회의 은인이라고 말한 적이 있었다. 아마도 그는 실제로도 그렇게 믿고 있었을 것이다.

범죄자들의 이런 생각에 대하여 싱싱 형무소장인 워든 로즈가 재미있는 이야기를 한 적이 있다. 그의 말에 따르면 극악한 수형자들 중에서 자기 스스로를 악한 사람이라고 생각하는 사람은 거의 없다는 것이다. 그들은 자신이 선량한 보통 사람들과 조금도 다를 바가 없다고 생각하고 있으며, 자신의 범죄 행위를 끝까지 정당화시키거나 변명하려 한다는 것이다. 심지어는 자신이 왜 금고를 파괴해야 했으며, 어째서 권총의 방아쇠를 당겨야만 했는지에 대해서 자기 스스로에게까지 정당화시키려고 노력하며, 그렇기 때문에 자신이 형무소에 갇혀 있어야만 하는 것도 억울한 일이라고 생각한다는 것이다.

위에서 예를 든 것처럼 알 카포네, 크롤레, 슐츠 등의 명백한 악당들조차 자신을 나쁘다고 생각지 않는데 하물며 다른 보통 사람들의 경우는 어떻겠는가? 유감스럽게도 사람은 아무리 자기가 극악한 일을 저질렀다 하더라도 결코 자신을 나쁘게 생각하지 않는다는 것을 이제야 겨우 깨닫게 된다.

그러므로 다른 사람을 비난한다는 것은 그 누구에게도 결코 도움이 되지 않는 행동이다. 대개 비난하는 사람은 감정이 격앙되어 이성을 잃기 쉽고, 비난받는 사람은 즉각 방어 태세를 갖추고 어떻게 해서든지 자신을 정당화하려고 시도하기 마련이다. 또한 비난받는 사람은 상대적으로 자존심에 상처를 입게 되어 비난하는 사람을 원망하게 되므로 결국 서로의 관계가 악화되기 십상이다.

그래서 독일군은 병영에서 불미스러운 일이 발생해도 누구든 즉석에서 불평을 토론하거나 비난하는 것을 허용치 않는다. 아무리 큰 불만도 하룻밤만 자고 나면 어느 정도 마음이 가라앉기 때문에 그 상황을 이성적으로 대처할 수 있다는 것이다. 이 규칙은 매우 엄격하다. 만약 즉석에서 불평을 하는 병사가 발견될 경우, 그 병사는 처벌을 받게 된다.

이 규칙은 일반 사회에서도 얼마든지 적용될 수 있을 것이다. 잔소리가 심한 부모, 바가지를 긁는 아내, 종업원들을 들볶는 고용주, 그리고 남의 험담을 일삼는 사람들에게 이런 방법을 권하고 싶다.

일례로 티폿 돔 유전 의혹 사건을 들 수 있다. 이 사건은 미국 역사상 유례없는 부정 사건으로서 수년 동안 언론의 이슈거리가 되었으며 국민들의 분노 또한 대단했었다. 언론의 초점은 이 부정 사건의 중심인물이 알베르트 폴이라는 내무부 장관이라는 사실이었다. 그는 당시 정부 소유의 티폿 돔과 엘크힐의 유전지대 임대에 관한 실권을 장악하고 있었다.

본래 이 유전은 군사용으로 해군에서 관리하고 있었다. 그런데 내무부 장관인 폴이 아무런 입찰 절차도 거치지 않은 상태에서 자신의 친구인 에드워드 L. 도헤니에게 전격적인 특혜를 제공한 것이 문제의 발단이었다.

폴은 도헤니와 수의 계약을 맺고 그 유전지대를 대여해 줌으로써 큰돈을 벌게 해주었다. 그러자 도헤니는 대부금이란 명목으로 폴에게 10만 달러를 뇌물로 바쳤다. 그뿐만이 아니었다. 폴은 그 유전지대의 다른 석유업자들을 그 지역에서 몰아내기 위해서 해병대를 동원하기까지 했다. 이것은 엘크힐의 석유 매장량이 근방에 이웃하고 있는 다른 유전으로 인해 감소될지도 모른다는 판단에서 취해진 매우 독선적인 수단이었다.

  해병대의 총칼에 쫓겨난 석유업자들도 그대로 있을 리는 만무했다. 그들은 이 사건을 제소하였고, 마침내 이 엄청난 사건이 백일하에 드러나게 되었다. 이 추악한 사건이 세상에 알려지자마자 전 국민을 분노의 도가니로 몰아넣었으며, 그 결과 하딩(미국의 9대 대통령) 내각의 총사퇴를 초래하였다. 집권당인 공화당의 신뢰도는 땅에 떨어지고 말았다. 또한 알베르트 폴은 현직 고위 관리로서는 미국 역사상 최초로 중형에 처해져 감옥에 갇히는 신세가 되고 말았다. 그렇다면 그는 자신의 죄를 회개하였을까?

  그로부터 몇 년이 지난 후, 허버트 후버 대통령은 어느 강연회에서 하딩 전 대통령이 친구인 폴에게 배신을 당한 정신적인 충격으로 수명이 단축되었다는 말을 꺼냈다. 마침 그 자리에는 폴의 부인이 참석해 있었다. 그녀는 대통령의 말을 듣던 중 의자를 박차고 일어나 주먹을 휘두르며 고래고래 소릴 질렀다.

"어떻게 그런 당치도 않는 말씀을 하실 수가 있죠? 하딩이 폴에게 배신을 당했다니요? 당장 취소하세요! 제 남편은 지금까지 다른 사람을 배신한 적이 한 번도 없습니다. 설사 이 건물 안이 황금으로 가득 차 있더라도 남편은 그것을 탐하여 나쁜 일을 저지를 분이 아닙니다. 배신당한 것은 바로 제 남편이에요. 그는 친구들에게 배신당하고 억울하게 감옥에 갇힌 희생자라구요!"

이처럼 질이 나쁜 인간일수록 자신의 잘못은 깨닫지 못하고 그 화살을 남에게 돌리려고 안간힘을 쓴다. 중요한 것은 이것이 질이 나쁜 인간에게만 해당되는 습성이 아니라는 사실이다. 우리들도 마찬가지다. 이것이 인간의 천성이기 때문이다.

만약 당신이 다른 사람의 잘못을 지적하거나 그 잘못을 고치려 든다면 상대방은 오히려 화를 내며 당신을 비난할 것이다. 그런 이유로 다른 사람을 비난하는 행위는 누워서 침 뱉기나 다름없는 행위라고 하는 것이다.

카네기가 아직 젊었던 시절에는 남에게 인정받고 싶어 하는 욕구가 무척 강했다고 한다. 그럴 때 어느 잡지에서, 그 당시 미국 문단에서 이름을 떨치고 있던 리처드 하딩 데이비스에 대한 작가론을 써달라는 청탁을 그에게 해왔다.

그는 그 부탁을 받는 순간, 마침내 자신의 존재를 부각시킬 수 있는 절호의 기회라고 판단하고 그 일에 전력을 다하게 되었다. 원고를 쓰기 전에 그는 데이비스에게 편지를 보내 궁금한 점들을 문의했다. 그리고 그 편지의 말미에 '문제 제기자' 라고 적어 보냈다.

그가 '문제 제기자' 라고 쓴 데는 이유가 있었다. 그 편지를 쓰기 몇 주일 전, 어떤 사람으로부터 편지를 받았는데 그 구절이 그의 마음을 강하게 매료시켰던 것이다. 그래서 그 또한 데이비스에게 강렬한 인상을 주고 싶은 욕심으로 그 유치한 명칭을 쓰게 되었다.

며칠 후 데이비스로부터 답장이 왔다. 기쁜 마음으로 봉투를 뜯는 순간, 그의 얼굴은 부끄러움으로 시뻘겋게 달아올랐다. 왜냐하면 봉투 안에는 답장 대신 카네기가 보낸 편지가 그대로 들어 있었기 때문이었다. 그뿐만이 아니었다. 다시 돌아온 그 편지의 여백에는 '건방진 짓거리는 그만두게나.' 라고 씌어져 있었다.

카네기는 자신의 편지를 다시 한 번 읽어보았다. 참으로 어리석고 무례한 내용이었다. 솔직히 그로부터 핀잔을 들어도 마땅한 내용이었다. 그러나 그 또한 인간이기 때문에 상대방으로부터 모욕을 당했다는 수치심이 자신의 마음을 온통 지배하고 있었다. 그는 그런 행위에 지독한 반감을 품게 되고 말았다.

그로부터 10년이 지난 후, 카네기는 신문에서 우연히 리처드 하딩 데이비스의 사망 기사를 읽게 되었다. 그런데 그 기사를 읽는 순간에 부끄럽게도 그가 가장 먼저 떠올린 것은, 예전에 느꼈던 모욕감이었다.

만약 당신이 죽을 때까지 다른 사람의 원망을 사고 싶다면 방법은 아주 간단하다. 그 사람을 신랄하게 비평하면 된다. 그 비평이 정확하고 타당한 것일수록 효과는 대단할 것이다.

사람들은 자신들을 논리적인 동물이라고 생각하지만 그건 큰 착각이다. 인간은 감정의 동물이고 편견에 가득 차 있으며, 허영심에 휩싸여 행동하는 어리석고 가련한 존재들이다. 그러므로 인간을 비난하는 행위는 다이너마이트를 짊어지고 자존심이라는 불길 속으로 뛰어드는 것처럼 어리석은 행동에 지나지 않는 것이다.

'다른 사람의 단점은 절대로 끄집어내지 않으며 장점만을 부각시킨다.'

이것은 벤저민 프랭클린의 좌우명이다. 프랭클린은 원래 평범하고 내성적인 청년이었으나 이러한 좌우명을 평소 생활 습관으로 삼았기 때문에 훗날 탁월한 외교관으로 성공할 수 있었다.

상대방을 비판하거나 비난하는 행위는 그 어떤 바보들도 할 수 있는 일이다. 아니, 오히려 바보들일수록 그러기를 즐기는 법이다. 이해와 관용은 쉽게 얻어지는 것이 아니다. 그것은 끊임없는 자기 성찰과 노력으로써만 획득할 수 있는 것이다. 그리고 이것이야말로 인간이 지닐 수 있는 최고의 미덕인 것이다.

흔히 감정에 지배당하기 쉬운 우리로서는 참으로 지키기 힘든 일이겠지만, 그렇다고 불가능한 것은 아니다. 우선 상대방이 왜 그런 행위를 하게 되었는지 곰곰이 생각해 보고 상대방을 이해하려고 노력해 보자.

'모든 것을 알게 되면 모든 것을 용서하게 된다.'라는 말도 있지 않은가. 그런 과정을 거치다 보면 자연스럽게 상대방에 대한 이해와 관용의 마음가짐이 저절로 생겨나게 마련이다.

비난받지 않으려면 비난하지 마라

다른 사람의 결점을 교정해 주려는 마음씨는 분명히 칭찬받을 만한 것이다. 그러나 우리는 남을 비난하기 전에 먼저 자신의 결점을 되돌아보는 마음가짐을 가져야 한다.

어떤 면에서는 그것이 오히려 이기적인 생각이 될 수도 있겠지만, 함부로 다른 사람의 결점을 꼬집기보다는 자기 자신의 결점을 고치려는 시도가 훨씬 더 유익하며 건전한 방법인 것이다. 상대방을 비난하는 행위는 다이너마이트를 짊어지고 자존심이라는 불길 속으로 뛰어드는 것처럼 어리석은 행동에 지나지 않는 것을 명심하라.

누구에게나 장점은 있다
그것을 칭찬하라

인간이라면 누구나 주위 사람들로부터 인정받기를 원한다. 주위의 사람들에게 '마음속으로부터의 인정과 아낌없는 칭찬'을 받고 싶은 것이 인간의 공통된 마음이다.

존 듀이 교수는 '중요한 인물이 되고 싶다는 욕망은 인간의 가장 뿌리 깊은 욕구'라고 말했다. 윌리엄 제임스 교수도 인간성의 바탕을 이루고 있는 가장 중요한 욕망은 상대방의 인정을 받고 싶은 기대감이라고 했다. 옳은 말이다. 이 욕망은 인간과 동물을 구별 짓는 경계선의 역할을 하는 것이다. 또한 인류의 문명도 이런 인간의 욕망에 의해 발전되어 왔다고 해도 좋은 것이다.

인간이라면 누구나 주위 사람들로부터 인정받기를 원한다. 또한 자기가 중요한 존재라는 사실을 느끼고 싶어한다. 이처럼 주위 사람들로부터 '마음속으로부터의 인정과 아낌없는 칭찬'을 받고 싶은 것이 인간의 공통된 마음이다. 그러므로 인간관계에 있어서 가장 중요한 법칙은 '상대방이 나에게 해주기를 원하는 것처럼 나도 상대방에게 베풀라.'는 것이다.

한 번은 카네기가 우체국에서 등기 우편을 보내기 위해 줄을 서서 차례를 기다리고 있을 때의 일이다. 등기부 담당 직원은 오늘도 어제와 마찬가지로 수많은 우편물의 무게를 달고 우표와 거스름돈을 내주고 영수증을 끊어주는 등의 똑같은 업무를 반복해야 하는 것에 잔뜩 진력이 난 표정이었다.

카네기는 차례를 기다리면서 잠시 생각에 잠겼다.

'저 사람이 나에게 호의를 갖도록 만들어보자. 그러기 위해서는 그에 관한 칭찬을 해야 하는데, 그에게서 내가 정말로 감탄할 만한 것이 무엇일까?'

이것은 참으로 힘든 문제였다. 특히 초면일 때는 더욱 어려울 수밖에 없었다. 그런데 이번에는 아주 쉽게 해결되었다. 그에게서 감탄할 만한 것을 발견했기 때문이다. 그가 카네기 편지의 무게를 달고 있을 때, 카네기는 진심 어린 목소리로 이렇게 말했다.

"참 멋진 머리카락을 지니고 계시는군요, 부럽습니다!"

그는 놀라움이 섞인 표정으로 카네기를 쳐다보았고, 곧 그의 얼굴에는 미소가 번졌다.

"뭘요, 요즘에는 아주 볼품이 없어진걸요."

그가 겸손하게 말했다. 그전에 그의 머리카락이 어떠했는지는 알 수 없지만, 참으로 멋진 머리카락이었기 때문에 카네기는 진심으로 감탄했고, 이런 진심을 알아챈 그 또한 몹시 뿌듯했던 모양이다. 그들은 비록 짧은 시간이긴 했지만 유쾌하게 이야기를 나눌 수 있었고, 그는 모처럼 즐거운 마음으로 근무했을 것이다.

카네기가 이때의 에피소드를 어느 공개석상에서 소개한 적이 있었다. 그러자 그 이야기를 듣고 난 어떤 사람이, 무엇을 기대하고 그 사람을 칭찬했는지를 물어왔다.

이럴 때 대체 무엇을 기대하고 칭찬했는지를 물어본다면 참으로 쑥스러운 질문이 아닐 수 없다. 상대방을 칭찬하고 꼭 무엇인가를 받아야만 속이 후련해지는 그런 인색한 사람이라면 아무것도 얻을 수 없기 때문이다.

그런데 실은 카네기 역시도 대가를 바라고 있었던 것만은 분명했다. 그가 바라는 것은 돈으로도 살 수 없는 그런 것이었다. 그것은 상대방을 기쁘게 해주고, 그러면서도 상대방에게는 아무런 부담감을 심어주지 않았다는 후련한 기분이다. 카네기는 그것을 얻었으며, 그 기분은 언제까지나 즐거운 추억으로 그의 기억 속에 남아 있을 것이다.

인간의 행위에 있어서 중요한 법칙이 하나 있다. 이 법칙을 충실히 따를 수만 있다면 대부분의 분쟁은 피할 수가 있게 될 것이다. 그리고 이것을 지킬 수만 있다면 친구들이 늘어나고 행복은 저절로 찾아오게 마련이다. 이 법칙은 상대방이 자신의 중요성을 느끼도록 만드는 것이다.

홀케인은 《그리스도교도》, 《섬의 재판관》, 《섬의 사나이》 등의 소설을 쓴 유명한 작가로서, 대장장이의 아들이었다. 그는 학교라고는 8년 남짓밖에 다니지 않았지만 드디어는 세계에서도 손꼽히는 부자 작가가 되었던 것이다.

그는 작가가 되기 전에 브리엘 로제티를 흠모하고 있었다. 그는 로제티의 예술적 공적을 찬양하는 논문을 쓰고 그 사본을 로제티에게 보냈다. 로제티는 몹시 기뻐했다.

'나의 능력을 이처럼 높이 평가해 주는 청년이라면 분명 평범한 인물은 아닐 거야.'

아마도 로제티는 그렇게 생각했을 것이다. 그는 이 대장간 집 아들을 런던으로 불러 자신의 비서로 채용했다. 이것이 홀케인의 전환기가 되었던 역사적인 사건이었다.

그는 새로운 일자리를 통해서 당대의 유명한 문학가들과 교분을 맺게 되었다. 그리고 그들의 조언과 격려에 힘입어 새로운 인생을 개척하였고, 훗날 필명을 크게 떨칠 수 있었던 것이다. 이제 그의 저택인 그리바 성은 세계 여러 나라에서 여행객들이 밀려오는 관광의 메카가 되었다.

그가 남긴 유산은 무려 250만 달러에 달했다. 그런데 만약 그가 유명한 시인에 대한 찬미의 논문을 쓰지 않았다면 그는 아마도 무명인사로 인생을 마감했을지 모른다.

이처럼 마음으로부터의 아낌없는 칭찬은 무궁무진한 위력을 발휘할 수 있다. 로제티는 자기를 중요한 존재라고 생각하고 있었다. 당연한 일이다. 인간은 예외 없이 누구나 그렇게 생각하고 있다. 홀케인은 로제티의 그런 심리를 자극함으로써 성공의 사다리에 오르게 된 것이다.

어느 날 카네기는 록펠러 센터의 안내원에게 헨리 수벤의 사무실 호수를 물었던 적이 있다. 단정한 제복 차림의 그 안내원은 몹시 자신 있는 어조로 그 번호를 가르쳐주었다.

"헨리 수우벤… 18층… 1816호실."

그녀는 똑똑히, 그리고 말 사이에 간격을 두고 대답했다. 카네기는 급히 승강기 있는 데로 가다가 돌아와서 안내원에게 말했다.

"지금 그 대화법은 아주 멋있는데요? 아주 명료하고 정확하고, 일종의 예술이라고 할 수도 있겠군요. 나는 감히 흉내도 내기 힘들겠는데요!"

이 말에 그녀는 얼굴에 홍조를 띤 채로 왜 그런 방식으로 발음을 했으며, 어째서 말 사이에 간격을 두었는지에 대해서까지 시시

콜콜 설명해 주었다. 카네기가 단순히 호의로 건네준 말에 그녀는 가슴이 울렁거릴 정도로 감동했던 것이다. 18층까지 올라가면서도 그는 행복의 총량을 조금이나마 증가시킬 수 있었다는 사실에 일종의 감동을 안고 즐거운 여운을 음미하게 되었다.

이 칭찬의 철학은 외교관이나 자선단체의 회장들이나 써먹는 사치품이 아니다. 모든 사람들이 매일 칭찬의 철학을 응용함으로써 마술적인 효과를 거둘 수가 있는 것이다.

미국인 중에는 일본인에 대해 우월감을 느끼고 있는 사람이 더러 있다. 일본인도 미국인보다 훨씬 우수하다고 생각하는 경우가 있다. 또한 백인이 일본 여자와 춤을 추고 있는 것을 보고 분개할 만큼 보수적인 일본인도 있다.

힌두교도들은 이교도에 대해서 한없는 우월감을 가지고 있다. 만약 그들이 식사할 때 이교도인 외국인이 그 앞을 지나치다가 그 외국인의 그림자가 음식물을 가리기라도 하면 더럽다고 먹기를 꺼려할 정도이다.

에스키모 인은 백인에 대하여 어떠한 생각을 하고 있는가를 한번 살펴보기로 하자.

에스키모 사회에도 부랑자가 있다. 그들은 이처럼 게으르고 쓸모없는 인간을 '백인 같은 족속'이라고 욕한다. 그들 사회에서 이 말처럼 사람을 업신여기는 뜻을 나타내는 말은 없다고 한다.

어느 국민이라도 자기들은 다른 국민보다 우수하다고 생각하고 있다. 이러한 사고방식이 애국심을 낳고 때로는 전쟁까지도 야기시킨다. 사람은 누구나 타인보다 어떤 점에서는 우수하다고 생각하게 마련이다. 따라서 상대방의 마음을 내 손에 꼭 휘어잡으려면 상대방이 이 세상에서 어느 정도로 중요한 인물인가를 인정해 주고, 그 점을 상대방에게 깨닫게 해주어야 한다. 에머슨의 말을 기억하라.

'사람은 누구나 나보다 어떤 점에서는 우수하고, 또한 배울 점이 있다.'

그런데 보기에도 딱한 것은 남에게 자랑할 만한 아무런 장점도 없으면서도 그로부터 오는 열등감을 터무니없는 자만이나 거짓말로 얼버무리려는 사람들의 모습이다.

셰익스피어는 이런 모습을 '오만불손한 인간들! 보잘것없는 것을 내세워 천사라도 통곡할 만한 거짓말을 태연히 하기 일쑤인 자들아!' 라고 탄식했다.

여기 칭찬의 원칙을 응용하여 성공을 거둔 세 사람의 에피소드가 있다.

먼저 코네티컷에 사는 변호사 R의 경우이다.

R은 아내와 더불어 롱아일랜드에 있는 처숙모님 댁을 방문했다. 그런데 아내는 R을 숙모와 함께 이야기를 나누도록 남겨놓고 다

른 친척집으로 가버렸다. R은 칭찬의 원칙에 대해서 공부하고 있었기 때문에 이 늙은 처숙모에게 실험을 해보기로 했다. 그는 상대방으로부터 진심으로 칭찬해 줄 만한 일을 찾아내려고 애썼다.

"이 집은 1890년경에 지은 것이겠지요?"

그가 묻자, 처숙모는 바로 1890년에 지었다고 대답했다.

"저의 생가도 이 집과 흡사했습니다. 참으로 훌륭한 집이었지요. 널찍하고, 요즘 이런 집은 정말 보기 힘듭니다."

이 말을 들은 처숙모는 흐뭇한 얼굴로 그의 말에 맞장구를 쳤다.

"정말 그래. 요즘 젊은 사람들은 주택의 미관에는 전혀 무관심한 것 같더라구. 좁디좁은 아파트에 전기 냉장고…… 게다가 놀기 위해 차에만 신경을 쓰는 것을 보면 참 이해가 안 가더군."

그녀는 문득 옛날을 회상하듯 목소리에 감정을 담아서 이렇게 고백했다.

"이 집은 내가 꿈에 그리던 집이라네. 이 집이 지어졌을 때, 그이와 나는 오랜 꿈이 실현된 것을 알았지. 설계도 건축가에게 의뢰하지 않고 직접 우리 손으로 한 것이니 더욱 애착이 갔어."

그리고는 그녀는 R을 안내하며 집안을 두루 구경시켜주었다. 그녀가 여행 기념으로 수집하여 소중하게 간직하고 있는 아름다운 귀중품과 각지의 토산품들을 본 R은 마음속으로부터 감탄을 금할 수 없었다. 스코틀랜드의 페즈리 산 숄, 오래된 영국의 찻잔,

웨지우드의 도자기, 프랑스의 침대와 의자, 이탈리아 그림, 프랑스 귀족의 저택을 장식했던 비단 커튼 등이 아름답게 장식되어 있었다. 집안 구경이 끝나자, 처숙모는 R을 데리고 차고로 갔다. 거기에는 신품이나 다름없는 패커드 차가 놓여 있었다. 그녀는 그 자동차를 가리키며 말했다.

"그이가 세상을 떠나기 직전에 이 차를 샀는데, 아직 한 번도 타 보지 못했다네. 자네는 물건의 값어치를 아는 사람 같아서 이 차를 선물하고 싶은데 받아줄 텐가?"

"처숙모님, 그것은 곤란합니다. 물론 호의는 대단히 감사합니다만, 이 차를 제가 어떻게 받을 수 있겠습니까? 저는 처숙모님과 핏줄이 닿은 것도 아닌데……. 그리고 자동차는 저도 산 지 얼마 되지 않기 때문에 필요 없습니다. 게다가 이 패커드를 가지고 싶어 하는 가까운 친척분들도 많이 계실 텐데요."

R이 간곡히 사양했지만 처숙모는 펄쩍 뛰는 것이었다.

"가까운 친척이라구? 물론 있긴 하지. 하지만 이 차가 탐이 나서 내가 어서 죽기만을 기다리는 일가 부스러기들뿐이야. 그런 작자들한테 이 차를 넘겨주라고? 어림없지!"

"그렇다면 중고 자동차 거래상한테 팔아버리면 되지 않을까요?"

"판다구? 내가 이 차를 팔 것 같은가? 어디 사는지, 누군지도 모르는 사람한테 이 차를 팔아서 제멋대로 타고 다니는 꼴을 내가 죽어서라도 보고 견딜 수 있을 것 같은가? 이 차는 내 남편이 나를 위해서 사준 차야. 이걸 팔다니, 생각조차 할 수 없는 일이야. 그냥 자네한테 선물하고 싶어. 자네는 좋은 물건의 진가를 아는 사람이니까."

R은 어떻게 해서든지 그녀의 기분을 상하게 하지 않고 정중하게 거절하려 했지만, 도저히 그럴 수가 없었다. 넓은 집에서 홀로 추억을 더듬으며 살아온 이 노부인은 작은 칭찬의 말에도 굶주려 왔던 것이다.

그녀는 한때 젊고 아름다웠다. 남자들이 귀찮게 쫓아다니던 때도 있었다. 사랑의 보금자리를 만들고 유럽 각지에서 사 모은 골동품으로 방을 꾸미던 시절도 있었다. 그러나 지금은 늙고 고독한 과부의 신세였다. 누가 조그마한 칭찬이나 위로의 말을 한 마디 해주기만 해도 그것은 엄청난 감동으로 다가오는 것이었다.

그런데 아무도 그것을 제공해 주려 하지 않았다. 따라서 그녀는 R의 친절한 태도를 접하자 사막에서 오아시스라도 만난 기분이었다. 그래서 패커드를 주지 않고는 못 배기겠다는 것이다.

뉴욕에 있는 '루이스와 발렌타인 조경회사'의 조경사인 맥 마흔의 경우는 이랬다.

강좌에서 '사람을 움직이는 법'에 대한 강습을 받고 있을 때, 나는 어느 유명한 법률가의 저택에서 정원 공사를 맡게 되었다. 그 집 주인은 정원으로 내려와 나에게 석류나무와 진달래를 심을 자리를 정해 주었다. 나는 그에게 말을 걸었다.

"선생님, 참 흐뭇하시겠어요. 저렇게 좋은 개를 여러 마리나 기르고 계시니 말입니다. 메디슨 스퀘어 가든 개 품평회에서 댁의 개들이 상을 많이 받으셨다면서요?"

그는 이런 찬사에 놀라울 정도의 반응을 보여주었다.

"그거야 늘 그렇지요. 개들 구경을 시켜드릴까?"

주인은 신이 나서 말했다. 그는 자신의 자랑거리인 개들을 보여주고, 그 개들이 탄 상패를 차례로 나에게 보여주며 하나씩 설명을 덧붙였다. 그리고 그 개들의 족보까지 끄집어내서는 개의 우열을 좌우하는 혈통에 대해서 열심히 설명해 주는 것이었다. 그리고는 나에게 이렇게 물었다.

"집에 아들이 있습니까?"

"네, 있습니다."

"그 아이가 강아지를 좋아하나요?"

"물론이지요, 참 좋아한답니다."

"그러면 내가 강아지 한 마리를 그 아이에게 선사하겠습니다."

그는 강아지를 키우는 법에 대해서 나에게 자세히 설명하는 가운데 문득 갑자기 고개를 갸웃거리며 말했다.

"말로만 일러주면 잊어버리기 쉬워서 곤란해요."

내가 일을 끝마칠 때쯤 되자, 그는 개의 혈통서와 개 사육법을 타이프로 친 종이, 그리고 백 달러 정도의 값어치가 있는 강아지를 나에게 주었다. 이것은 그의 취미와 그 성과에 대해서 내가 표명한 솔직한 찬사의 부산물이었던 것이다.

코닥 필름으로 유명한 조지 이스트만은 활동사진 제작에 없어서는 안 될 투명 필름을 발명하여 엄청난 부를 이룩한 세계 유수의 대실업가이다. 그렇게 큰 사업을 일궈낸 그도 우리 모두와 마찬가지로 조그마한 찬사에 대해서는 대단히 민감한 반응을 보여주었다.

오래 전의 이야기이다. 이스트만은 로체스터에 이스트만 음악학교와 그의 어머니를 기념하는 키르본 홀 극장을 건설하고 있었다. 마침 뉴욕의 고급 의자 제작회사를 경영하는 제임스 애덤슨 사장은 이 건물에 설치할 좌석의 주문을 받으려고 궁리를 짜내던 중이었다. 애덤슨은 그 건물을 설계한 건축가에게 부탁하여 이스트만과 로체스터에서 만나기로 약속을 했다.

애덤슨이 그 건축가와 함께 약속한 장소를 찾아가던 중 그 건축가가 한 가지 주의를 주는 것이었다.

"당신이 꼭 주문을 받고 싶다면 이 말을 명심하세요. 당신이 이스트만의 시간을 5분 이상 잡아먹게 될 경우, 성공할 가망성은 거의 없어요. 그는 성질이 까다로운 분이어서 시간을 지체하는 것은 질색이거든요. 그러니 이야기를 빨리 끝내는 것이 좋을 거예요."

애덤슨은 그 말을 따르기로 작정했다. 방으로 안내되었을 때, 이스트만은 책상 위에 산적해 있는 서류들을 들여다보고 있었다. 잠시 후 이스트만이 고개를 들고는 건축가와 애덤슨 쪽으로 걸어왔다. 그리고 두 사람에게 말을 걸었다.

"어서 오세요. 그리고 찾아오신 용건은?"

건축가의 소개로 인사를 마친 애덤슨은 방 안을 둘러보며 감탄사를 늘어놓았다.

"아까부터 저는 이 방의 훌륭한 시설과 장식에 놀라고 있었습니다. 이처럼 훌륭한 방에서 일을 하면 기분도 좋고 능률도 오를 것 같군요. 저는 실내장식이 전문이지만 이렇게 훌륭한 방은 구경해 본 적이 없습니다."

"그 말을 들으니 이 방을 완성한 당시의 일이 생각나는군요. 사실 처음 이 방이 완성되고 나서는 무척 기분이 좋았었는데, 요즘은 일이 바빠서 이 방이 좋은 것도 잊고 지낼 적이 많답니다."

애덤슨은 판자벽을 손으로 매만지면서 아는 체를 했다.

"이것은 영국 산 참나무로 만들었군요! 이탈리아 산 참나무와는 결이 다르기 때문에 만져보면 쉽게 알 수가 있지요."

그러자 이스트만이 대답했다.

"맞습니다. 영국으로부터 수입한 것이지요. 나무에 관해서 잘 알고 있는 친구가 특별히 나를 위해 골라준 것입니다."

곧이어 이스트만은 방을 꾸미고 있는 색채와 조각된 장식품, 그 밖에 자신이 고안해 낸 발명품 등을 애덤슨에게 보여주며 친절하게 설명해 주었다. 두 사람은 공들여 꾸며진 실내의 구조를 두루 살피고 나서 창문 밖의 풍경을 내려다보았다. 이스트만은 사회사업의 일환으로 자신이 건립한 제반 시설에 대해서도 세세하게 설명을 이어갔다.

애덤슨은 이스트만이 인류의 고통을 덜어주기 위해 로체스터 대학종합병원, 사랑의 집, 아동구호병원 등에 그의 재산을 헌납하는 이상주의적인 사업과 공헌에 대해서 마음속으로부터 경의를 표했다. 이윽고 이스트만은 유리로 된 케이스를 열고 그가 최초로 손에 넣었다는 사진기를 꺼냈다. 그것은 어느 영국인으로부터 사들인 발명품이었다. 애덤슨은 이스트만이 장사를 처음 시작했을 무렵, 고생스러웠던 일들에 관한 몇 가지 질문을 했다. 이스트만은 가난했던 소년시절에 대한 회상에 잠겼다.

홀어머니가 싸구려 하숙집을 경영하면서 하루에 50센트밖에 안 되는 급료를 받고 어느 보험회사에 근무하던 때의 이야기를 실감나게 들려주었다. 그리고 자신은 늘 빈곤의 공포에 시달려왔다며 어떻게 해서든지 가난을 타파하고 어머니를 중노동으로부터 해방시켜 드리는 게 소원이었노라고 말했다.

애덤슨은 이번에는 투명 필름을 개발할 때의 이야기를 들려달라고 했다. 그는 사무실에서 하루 종일 일에 매달렸던 것과, 약품이 작용하는 얼마 안 되는 시간을 이용하여 수면을 취하면서 밤새워 실험하던 시절에 대해서 이야기를 들려주었다. 때로는 72시간 동안, 잠잘 때나 일할 때나 옷 입는 채로 지냈다는 등 이스트만의 이야기는 끝이 없었다.

제임스 애덤슨이 이스트만의 방을 방문한 것은 10시 15분이었다. 그는 5분 이상 시간을 빼앗으면 안 된다는 경고를 미리 들었으면서도 이스트만의 이야기가 너무나 재미있어서 그만 모든 것을 잊고 있었던 것이다. 벌써 2시간이 훨씬 경과되었는데도 그들의 이야기는 끝날 줄을 몰랐다.

이스트만이 애덤슨에게 말했다.

"오래 전에 일본을 여행할 때 의자를 하나 가져왔는데, 너무 오래돼서 페인트가 모두 벗겨져버렸습니다. 얼마 전에 페인트를 사다가 내가 다시 칠을 했지요. 어떻습니까, 내가 페인트칠한 솜씨를 한 번 봐주시겠습니까? 내 집으로 가서서 점심식사나 같이 하면서 그 의자를 보여드리지요."

점심을 같이 한 후, 이스트만은 애덤슨에게 의자를 보여주었다.

그것은 1달러 50센트 정도면 살 수 있는 싸구려 의자로서 억만장자에게는 어울리지 않는 물건이었다. 그러나 이스트만은 그것을 자기 손으로 페인트칠했다는 것이 큰 자랑인 모양이었다.

그런데 9만 달러어치나 되는 좌석의 주문은 과연 누구의 손에 맡겨졌을까? 두말할 필요도 없이 애덤슨이었다. 그 이후로 이스트만과 애덤슨은 평생 친구가 되었다.

우리는 훌륭하고 즉각적인 효과를 가진 찬사의 법칙을 먼저 각자의 가정에서부터 실험해 볼 필요가 있다. 가정만큼 그 법칙이 필요한 곳도 없으며, 가정만큼 등한시되는 곳도 없기 때문이다.

어떤 아내에게도 반드시 장점은 있다. 적어도 남편이 그 점을 인정하였기 때문에 결혼이 성립된 것은 아닐까. 당신은 아내의 매력에 대해서 찬사를 보내지 않은 지 몇 년이나 되었는가 한 번 반문해 보라.

몇 년 전, 카네기가 캐나다 뉴브런즈웍 주의 미라미치 강 상류로 낚시를 왔을 때의 일이다. 그는 산림지대 깊숙이 자리를 정하고 텐트를 쳤다. 읽을 것이라고는 그 지방의 신문이 한 장 있을 뿐이었다. 그 내용을 광고 하나 빼놓지 않고 자세히 읽었다. 그 신문에는 도로시 딕스 여사가 쓴 기사가 실려 있었다. 대단히 훌륭한 내용이었기 때문에 그는 그것을 오려서 간직했다.

딕스 여사는 신부에게 주는 교훈은 귀가 아프도록 들어왔지만, 신랑에게 주는 교훈은 없었다며 다음과 같이 메시지를 남겼다.

칭찬의 말을 능란하게 할 수 있을 때까지는 결코 결혼해서는 안 된다. 독신으로 있는 동안은 여성을 칭찬하거나 말거나 그건 자유다. 그러나 일단 결혼을 하고 나면 상대방을 칭찬해 주는 것이 필수 조건이다. 이것은 자신의 안전을 위해서도 꼭 필요한 일이다.
솔직한 언행은 금물이다. 결혼은 외교 전쟁인 것이다.
만족스런 일상생활을 영위하려면 결코 아내가 살림하는 방법을 비난하거나 짓궂게 자기 어머니의 방법과 비교를 한다든지 해서는 안 된다. 대신 아내가 살림을 잘한다고 자주 칭찬하고, 재주와 용모를 겸비한 이상적인 여성과 결혼할 수 있었던 행운에 대해서 늘 감사하는 것처럼 행동해야 한다.
가령, 찌개가 국처럼 묽게 되고 밥이 삼층밥이 되어도 결코 불평을 해서는 안 된다. 그럴 때는 '오늘은 다른 때만큼 잘 되지는 않았네.' 하는 정도로 가볍게 말해 준다. 그러면 아내는 남편의 기대에 어긋나지 않게 하려고 뼈가 가루가 되도록 일을 할 것이다.
이 방법은 갑자기 시작하기에는 좀 어색하다. 아내가 이상하게 생각할 것이다. 그러니 오늘밤이나 내일 밤쯤 아내에게 꽃이나 과자를 선물하자.

'물론 말은 그럴듯한 이야기인데…….' 하는 정도로 생각만 해서는 아무 소용이 없다. 실제로 실천해야 한다. 얼굴에 웃음을 담고 아내에게 다정한 말을 한두 마디 걸어준다. 이를 실용하는 남편이나 아내가 많아지면 많아질수록 이 세상의 이혼율도 6분의 1쯤은 줄어들 것이 틀림없다.

 여성의 사랑을 획득하는 방법에 대해 알고 싶다면 그 비결을 하나 가르쳐주겠다. 이것은 대단히 효과가 있는 방법으로, 도로시 딕스 여사가 권장하는 방법이다.
 딕스 여사는 23명에 달하는 여자의 마음과 그 여자들의 저금통장을 차례차례 손아귀에 넣은 유명한 결혼 사기범과 인터뷰를 한 적이 있었다. 형무소에서 인터뷰를 하게 되었는데, 여자에게 사랑을 얻는 방법에 대해 질문하자 그는 이렇게 대답했다고 한다.
 "힘든 일이라고는 전혀 없습니다. 단지 그 여자에 대한 이야기만 하고 있으면 됩니다."

칭찬을 받고 싶은 것은 인간의 공통된 마음이다

 인간이라면 누구나 주위 사람들로부터 인정받기를 원한다. 또한 자기가 중요한 존재라는 사실을 느끼고 싶어한다. 이처럼 주위의 사람들로부터 '마음속으로부터의 인정과 아낌없는 칭찬'을 받고 싶은 것이 인간의 공통된 마음이다. 그러므로 인간관계에 있어서 가장 중요한 법칙은 '상대방이 나에게 해주기를 원하는 것처럼 나도 상대방에게 베풀라.'는 것이다. 이것은 상대방이 자신의 중요성을 느끼도록 만든다.

이 법칙을 충실히 따를 수만 있다면 대부분의 분쟁은 피할 수가 있게 될 것이다. 그리고 이것을 지킬 수만 있다면 친구들이 늘어나고 행복은 저절로 찾아오게 마련이다.

공치사와 칭찬을 구별하라

'어떤 사람이라 할지라도 어떤 면에서는 내 자신보다 뛰어난 면이 있게 마련이다.' 자기 자신의 장점만을 생각하기보다는 상대방의 장점에 대하여 깊이 생각해 보라.

록펠러의 사람 다루는 비결은, 사람들에게 진심으로 감사하는 마음을 표시하는 것이었다. 이에 대해서는 다음과 같은 일화가 있다.

록펠러에게는 에드워드 T. 베드포드라는 공동 출자자가 있었다. 그런데 이 사람이 한 번은 남미에서 엄청난 거래상의 실수를 저질렀다. 이 일로 인해서 록펠러는 무려 백만 달러라는 손해를 입게 되었다. 만약 다른 사람이었다면 아마 이 상황에서 상대방에게 결별을 선언하거나 분노를 표시했겠지만, 록펠러는 결코 그렇게 하지 않았다. 그는 베드포드가 나름대로 그 일에 최선을 다했다는 것을 알고 있었다. 더구나 손해 본 돈을 아까워해 봤자 이미 소용없는 일이라는 것도 알고 있었다. 그리하여 록펠러는 오히려 그를 위로하고 그동안의 노고를 칭찬해 주었다.

그 후 우여곡절 끝에 베드포드가 투자액의 60퍼센트를 간신히 회수하게 되었다. 이때 록펠러는 기쁜 얼굴로 다음과 같이 말했다.

"정말 잘했네! 돈을 그만큼이나 회수할 수 있었다는 것은 정말 대단한 성공이 아닐 수 없네!"

그는 진심에서 우러나오는 칭찬을 한 것이다.

지그필드라고 하면 브로드웨이를 빛낸 전설적인 흥행사로 알려진 사람이다. 그는 어떠한 여자라도 눈부신 미인으로 만들어낼 수 있는 교묘한 수완을 갖고 있었다. 아무도 거들떠보지 않을 정도로 초라한 여성도 그의 눈에 띄기만 하면 사람들이 깜짝 놀랄 만큼 매혹적인 모습으로 무대에 설 수 있었다. 지그필드는 이런 능력으로 인해 더욱 높은 명성을 얻을 수 있었다.

그는 상대방을 칭찬하고 신뢰하는 것이 얼마나 중요하며 상대방을 고무시키는지를 잘 알고 있었다. 그러므로 자신이 발견한 여성들에게도 친절과 호의를 베풀어 그녀가 스스로 자신은 뛰어난 미인이라고 믿도록 도와주었다. 결과는 대성공이었고 결국 이러한 결과가 그에게도 흥행사로서의 명성을 안겨주었던 것이다.

<비엔나에서의 재회>라는 유명한 연극의 주연으로 활약했던 알

프렛 런트도 '나에게 가장 필요한 영양소는 내 자신을 높이 평가해 주는 말이다.' 라고 했다.

우리는 부모로서 자식들에게 어떻게 하는가? 가장 소중히 생각하는 자식들의 건강을 위해 골고루 영양이 공급되도록 힘쓰면서도 그들의 정신에 필요한 영양분의 공급에는 힘쓰지 않는다.

그들에게 있어서 한 마디의 부드러운 칭찬과 격려는 새벽 하늘에 빛나는 별들처럼 언제까지나 그들의 기억에 남아 마음의 양식이 되어주는 것이다.

'그건 말도 안 되는 소리야! 조금이라도 지각이 있는 사람이라면 그런 어처구니없는 겉치레나 아첨 따위의 낡은 수법에 넘어갈 리가 없지!' 어쩌면 이렇게 생각하는 사람도 있을 것이다. 물론 분별력을 지닌 사람이라면 아첨이나 공치사 따위의 천박하고, 그 속이 뻔히 들여다보이는 수법은 여간해선 통용되지 않는다고 생각할 것이다. 그러나 굶주리다 못해 아사 직전에 이른 사람이 살기 위해서는 무슨 풀이나 벌레라도 닥치는 대로 먹는 것처럼, 비록 그것이 아첨이나 공치사인 줄을 알면서도 좋다고 하며 덥석 집어 삼킬 정도로 우리 주변에는 칭찬에 굶주린 사람들이 많다는 사실도 기억해 두기 바란다.

므디바니 형제는 여러 차례에 걸쳐 여자들과 결혼을 한 것보다도, 그들과 결혼한 여자들이 모두 뭇 남성들의 선망의 대상이었다는 점 때문에 더욱 유명해졌다. 도대체 무슨 조화를 부렸기에 한 번도 아니고 여러 번씩이나 그런 결혼에 성공할 수 있었을까?

'왕자들'이라는 별명을 지닌 이 형제는 미모가 뛰어난 두 명의 영화배우와 세계적인 가수, 그리고 10센트 상점을 경영하는 백만장자 바버라 허튼을 차례차례로 섭렵했던 행운의 주인공들이었다.

<리버티> 신문은 그 이유를 분석한 글에서 이렇게 썼다.

'므디바니 형제가 여성들을 끌어당기는 매력이 무엇인지에 대해서는 세기의 수수께끼처럼 여겨지고 있다. 그런데 남성 비평에 있어서 타의 추종을 불허하는 폴라 네그리의 분석에 의하면, 그들 형제의 비결은 아첨과 공치사에 있다는 것이다.

현대처럼 딱딱하고 각박한 세상에서는 아첨의 기술이란 것이 거의 사라졌다고 볼 수 있는데, 그 기술을 므디바니 형제가 다시 부활시켜 교묘히 사용한 것에 지나지 않는다는 것이 그녀의 평가였다.'

영국의 빅토리아 여왕도 아첨을 좋아한 흔적이 농후하다. 그 당시의 재상이었던 디즈레일리는 여왕의 비위를 맞추기 위해 무척 고심했었다고 고백한 적이 있다. 그로 말하자면 대영 제국의 재상 중에서도 손꼽힐 정도로 세련된 사교술의 귀재였다. 그런 자신의 고백에 의하면, '인두로 펴서 바르듯이' 여왕에게 아첨의 말을 했다고 한다.

만약 디즈레일리가 사용했던 방법으로 지금의 우리가 사용한다면 어떨까? 아마도 효과를 거두기가 힘들 것이다. 아첨이란 것은 겉으로만 그럴듯하게 보일 뿐, 실상은 가짜이기 때문이다. 그것은 위조지폐와 마찬가지로 마구 쓰다보면 결국에는 화를 불러오게 마련이다.

아첨과 칭찬은 전혀 다른 것이다. 아첨은 위선에 불과하지만 칭찬은 진실인 것이다. 칭찬은 마음속으로부터 우러나오지만 아첨은 혓바닥 끝에서 생겨난다. 칭찬은 무조건적이지만 아첨은 이기적인 특성을 갖고 있다. 또한 칭찬은 모든 사람이 좋아하지만 아첨은 모든 사람이 싫어하는 것이다.

멕시코 시의 차파르테펙 궁에 세워진 오브레곤 장군의 흉상에는 다음과 같은 오브레곤 장군의 신조가 새겨져 있다.

'원수를 두려워할 필요는 없다. 그러나 달콤한 말을 하는 친구는 두려운 존재이다.'

이 글의 의도는 결코 상대방에게 달콤한 말을 해줄 것을 당신에게 권하는 것은 아니다. 여기서 권하는 것은 '새로운 생활 방법'이다.

영국의 왕인 조지 5세는 버킹검 궁전의 서재에 여섯 가지의 금언을 걸어놓았다. 그중의 하나가 '값싼 칭찬이라면 주지도 말고 받지도 말라.' 는 것이다. 아첨은 값싼 칭찬에 지나지 않는다는 것을 기억하자. 아첨이란 상대방의 자기 평가와 일치되는 것을 말해 주는 것이다.

미국의 사상가인 에머슨은 아첨에 대하여 다음과 같이 말했다.

'어떤 용어를 사용하더라도 인간은 자신의 본심을 속일 수 없다.'

인간은 특별한 문제에 몰두하고 있을 때를 제외하고는 대개가 자신의 일만을 생각하며 살고 있다. 그렇다면 잠깐 자신에 대한 생각을 중단하고 다른 사람들의 장점에 대해서 생각해 보는 것은 어떤가? 만약 다른 사람들의 장점을 알게 된다면 속보이는 낯간지러운 아첨 따위는 할 필요가 없게 될 것이다. 그래서 에머슨은 다음과 같이 덧붙이고 있다.

'어떤 사람이라 할지라도 어떤 면에서는 내 자신보다 뛰어난 면이 있게 마련이다.'

자기 자신의 장점만을 생각하기보다는 상대방의 장점에 대하여 깊이 생각해 보라. 그렇게 된다면 낯 뜨거운 아첨 따위는 아무런 소용이 없게 된다. 거짓이 아닌 진심으로부터 우러나오는 칭찬을 하라! 슈와브처럼 진실한 마음이 담긴 칭찬을 해보라는 것이다. 당신이 그렇게 할 수만 있다면 상대방은 그 칭찬을 마음속 깊이 간직하고 평생을 잊지 않을 것이다.

주는 사람은 잊어버릴지라도 받는 사람은 길이 간직하고 흐뭇해 하는 것이 바로 칭찬이다.

칭찬은 모두가 좋아한다
아첨과 칭찬은 전혀 다른 것이다.
아첨은 그럴 듯하게 보이는 위선에 불과하지만 칭찬은 진실인 것이다. 칭찬은 마음속으로부터 우러나오지만 아첨은 혓바닥 끝에서 생겨난다. 칭찬은 무조건적이지만 아첨은 이기적인 특성을 갖고 있다. 아첨은 위조지폐처럼 마구 쓰다 보면 결국에는 화를 불러오지만 칭찬은 모든 사람을 고무시킨다. 칭찬은 모든 사람이 좋아하지만 아첨은 모든 사람이 싫어하는 것이다.

부드럽고 공손한 태도로
다가서라

누군가에게 험한 욕설을 들은 사람은 절대로 상대방의 요구대로 움직여주지 않는다. 서로의 견해 차이는 인내심과 솔직함을 전제로 한 선의로써 충분히 해결할 수 있다.

상대방의 마음이 반항심과 미움으로 가득 차 있을 때는 아무리 올바르게 시시비비를 따진다 해도 설득할 수가 없다. 화가 치밀어오른다고 상대방에게 마음껏 욕설을 퍼부으면 당신은 마음이 후련할는지 모르지만 욕설을 들은 사람의 기분은 엉망진창이 되는 것이 당연하다. 그렇게 실컷 당한 상대방이 이쪽이 바라는 대로 움직여줄 수 있겠는가?

아이를 꾸짖는 부모나 권력을 휘두르는 고용주나 부부관계에서도 상대방을 억지로 복종시킬 수 없다는 사실을 명심해야 한다. 인간이란 자신의 뜻을 쉽사리 포기하지 않는다. 다만 격의 없는 태도로 대할 때 상대방의 마음을 변화시킬 수 있다.

링컨은 이런 내용의 말을 이미 1백여 년 전에 했지만 시대가 아무리 흘러도 적용되는 진리인 것이다.

"1갤런의 물보다 한 방울의 꿀이 더 많은 파리를 잡을 수 있다."

이 같은 원리는 인간에게도 적용이 가능하다. 상대방을 자신의 의견에 따르도록 만들기 위해서는 우선 자신이 그 사람과 같은 편이라는 것을 인식시켜줘야 한다. 이것은 사람의 마음을 잡는 한 방울의 꿀이며, 상대방의 이성에 호소하는 최선의 방법이다.

윌슨 대통령은 이런 말을 했다.

"누군가에게 험한 욕설을 들은 사람은 절대로 상대방의 요구대로 움직여주지 않는다. 상대방이 강압적으로 나온다면 이쪽에서도 우격다짐으로 대할 것이다. 그러나 서로 잘 의논해서 문제점을 규명하고 해결해 보자는 부드러운 태도를 보여준다면 이야기는 달라진다. 서로의 견해 차이는 인내심과 솔직함을 전제로 한 선의로써 충분히 해결할 수 있다."

윌슨의 이 말을 그 누구보다 제대로 이해하고 잘 활용한 이는 존 D. 록펠러 2세였다.

그는 콜로라도 주민들로부터 미움을 받고 있었다. 미국 산업사상 기록될 만큼 큰 파업이 2년 동안 콜로라도 주를 뒤흔들었다. 록펠러가 경영하는 회사의 근로자들은 임금 인상을 요구하며 사용자 측과 팽팽하게 맞서고 있었다. 회사의 기물들이 파괴되고 폭동으로 번져 급기야는 군대가 출동하면서 무력을 동원한 유혈사태로 번지게 되었다.

이러한 극단적인 대립이 계속되자 주민들의 원성은 대단해졌고, 그는 어떻게 해서든지 근로자들을 설득해야만 했다. 마침내 그는 그들을 설득하는데 성공하게 된다. 그는 우선 몇 주일 동안 화해하기 위한 공작을 시도한 끝에 근로자 측 대표들을 만나게 되었다. 이때 그가 근로자 측 대표들에게 했던 훌륭한 연설은 소용돌이치던 증오의 물결을 가라앉히기에 충분했다. 적들을 친구로 만든 성과를 거두게 된 것이다.

록펠러는 몇 분 전까지만 해도 그를 죽일 것처럼 난폭하게 날뛰던 사람들에게 우호적인 어조로 차분하게 말했다. 연설을 통해 우정 어린 태도로 차근차근 얽힌 일을 풀어나갔던 것이다. 연설하는 그의 태도는 자선단체에 초대받은 연사보다도 정중했다. 그러자 노동자들은 자신들이 강경하게 주장했던 인금 인상안에 대해서는 거론도 하지 않은 채 만족스런 표정으로 저마다의 일자리로 돌아갔던 것이다.

그때의 연설이 얼마나 성실하고 호의에 넘쳐 있는지 첫 대목만 인용해 보기로 하자.

"오늘은 제 생애에서 가장 기념해야 할 날입니다. 우리 회사의 근로자 대표 및 간부 사원분들을 만날 수 있게 된 것은 제게는 큰 행운이기 때문입니다. 그리고 이 자리에서 말하게 된 것을 무척 영광스럽게 생각하고 있습니다.

만약 이 모임이 2주 전에 이루어졌다면 몇 분을 제외한 대부분의 사람들과는 얼굴도 모르는 낯선 타인으로 만나게 되었을 것입니다. 다행히도 저는 지난주에 이곳의 모든 광산을 빠짐없이 방문하여 마침 부재중이었던 몇 분을 빼고는 거의 모든 대표자들과 격의 없이 의견을 교환할 수 있었습니다. 또한 여러분의 가정을 방문해서 여러분의 가족들과 이야기도 나눌 수 있었습니다. 그러니 우리는 이제 낯선 타인이 아니라 서로를 잘 아는 친구로서 다시 만나게 된 것입니다. 이런 우리들의 우정을 바탕으로 해서 저는 우리들의 공통된 이해관계를 여러분과 숨김없이 의논하고자 합니다.

이 모임은 간부 사원 및 종업원 대표 여러분이 주최하신 것으로 알고 있습니다. 그러나 간부 사원도, 종업원 대표도 아닌 제가 오늘 이 자리에 참석할 수 있었던 것은 오로지 여러분의 호의 덕분입니다. 오늘은 저의 생애에서 정말 특별한 날입니다."

그야말로 적을 자기편으로 만드는 방법의 좋은 예인 것이다. 록펠러가 토론을 벌여서 서로의 잘잘못을 가리려고 했다면 그야말로 불난 집에 부채질하는 결과가 되었을 것이다.

경영자들 중에는 파업하고 있는 노동자들과 우호적으로 지내야만 결국 자신에게 이익이 된다는 점을 깨닫고 행동한 사람이 또 있다.

화이트 모터스의 근로자 2,500명은 임금 인상과 함께 유니언숍(Union shop : 고용주는 자유롭게 종업원들을 고용했지만 일단 채용한 뒤에는 반드시 노동조합에 가입해야 하며, 조합으로부터 제명되거나 탈퇴한 자는 회사에서도 해고해야 한다는 것을 정한 노동협약상의 조항)에 가입할 것을 요구하며 파업에 들어갔다.

로버트 블랙 사장은 파업에 돌입한 종업원들에 대해 조금도 나쁜 감정을 갖지 않고 오히려 <클리브랜드> 신문에 '그들이 평화적인 자세로 파업에 들어갔다.'고 칭찬해 주었다. 파업 중인 노동자들이 심심해하는 모습을 보고는 야구 운동기구를 사들여 야구를 하도록 권장했다. 또한 볼링을 좋아하는 근로자들에게 볼링장을 무료로 개방하기까지 했다.

이러한 경영자 측의 우호적인 태도는 만족할 만한 결과를 가져왔다. 근로자들은 어디선가 청소 도구를 가져와 공장 주위를 청소하기 시작했다. 우정이 우정을 낳았던 것이다.

이 일은 격렬한 쟁의로 얼룩진 미국 노동사에 전에 없던 흐뭇한 광경이었다. 결국 파업은 채 1주일도 안 되어 종결되었고 노사 간의 우의를 확인하는 계기가 되었다.

당당한 체구의 다니엘 웨스터는 웅변술을 지닌 변호사였다. 그의 웅변술이 어찌나 뛰어난지 자신의 의사를 관철시키는 데는 그를 능가할 이가 없을 정도였다.

그는 아무리 격렬한 논쟁이 벌어지는 경우라도 항상 온화한 태도를 유지했다. 결코 고압적인 말투는 쓰지 않았다. 또한 자신의 의견을 억지로 상대방에게 강요하지 않고, 부드럽고 허심탄회한 태도로 이야기를 했다. 이것이 그를 유능한 변호사로 만든 비결이었다.

노사 분쟁의 해결이나 피고의 변호를 의뢰받는 변호사는 그다지 많지 않겠지만, 집세나 땅값 등을 깎아달라고 부탁하는 사람들은 흔히 볼 수 있는 사람들이다. 그런 요구를 할 때, 정중하고 온화한 말투가 얼마나 큰 도움을 주는지 살펴보기로 하자.

스트로브라는 기술자의 경험담이다.

나는 주인에게 방세를 내려달라고 부탁하기로 결심했지만, 집주인은 유명한 구두쇠였기 때문에 쉽지는 않을 것이라고 예상했다.

나는 우선 계약 기간이 만료되는 즉시 아파트를 나가겠다고 주인에게 편지로 통보했다. 하지만 사실은 나가고 싶은 마음이 없고, 집세를 조금만 깎아준다면 그대로 살고 싶었다. 상황은 지극히 비관적이었다. 다른 세입자들 중에서 임대료를 내리는 데 성공한 사람이 한 사람도 없었을 뿐만 아니라, 이 주인처럼 다루기 힘든 사람은 처음 본다며 모두들 혀를 내두르는 지경이었다.

나는 나름대로의 계획을 세웠다. 강좌에서 들었던 대인관계의 처세술을 집주인에게 응용해서 그 효과를 직접 확인해 보고 싶었다.

편지를 받은 집주인이 비서와 함께 나를 찾아왔다. 나는 밝은 얼굴로 그들을 맞아들였다. 그리고 집세가 비싸서 이사를 가겠다는 따위의 이야기는 전혀 꺼내지 않았다. 우선 나는 집이 대단히 마음에 든다는 이야기를 하면서 아낌없이 칭찬해 주었다. 아파트를 깨끗하고 효과적으로 관리하는 방식에 감탄했다고 칭찬한 뒤, 최소한 1년쯤은 더 있고 싶었는데 사정이 허락되지 않아서 참 아쉽다고 말했다.

주인은 지금까지 세입자들로부터 이런 찬사를 한 번도 받아보지 못했던 모양이었다. 그는 나의 칭찬에 감격한 표정을 짓더니 집주인으로서의 고충을 하나씩 털어놓기 시작했다. 세입자들은 불평불만을 늘어놓은 편지를 자주 보내오는데, 그중에는 무려 14통이나 보낸 사람도 있다고 한다. 편지들은 모두 모욕을 느낄 만큼 그를 비난하는 내용이라고 했다.

한 번은 옆집에서 들리는 코고는 소리를 집주인이 책임지고 막아주지 않으면 계약을 파기하겠다고 위협한 사람도 있었다고 했다. 그는 나처럼 자신의 답답한 속사정을 알아주는 사람만 있다면 얼마나 좋겠냐며 자신의 마음을 털어놓았다. 그리고는 자진해서 집세를 내려줄 테니 계속 머물러 달라고 말했다.

나는 내가 지불할 수 있는 집세의 최고액을 밝혔다. 주인의 제안에서 더 깎이는 가격이었지만 주인은 서슴없이 승낙해 주었다. 게다가 아파트를 보수해 주고 싶은데 괜찮겠느냐고 친절하게 물어보기까지 했다.

내가 만약 다른 세입자들처럼 집세의 인하를 직접적으로 요구했다면 나 또한 그들처럼 실패했을 것이다. 우호적인 태도와 상대방을 이해하려는 마음을 보여주었을 때, 이런 성공의 결과가 온 것이다.

다음은 뉴욕의 사교계에서 유명한, 롱아일랜드에 사는 도로시 데이 부인의 말이다.

얼마 전, 나는 몇몇의 친척들을 초대해서 조촐한 디너 파티를 열었다. 모두 귀한 손님들이었기 때문에 소홀함이 없도록 세심하게 주의를 기울였다. 나는 이런 행사가 있을 때면 에밀이라는 솜씨 좋은 웨이터장에게 모든 일을 일임하고 있었다.

그런데 그날, 약속했던 에밀은 오지 않고 웨이터만 보냈는데, 그는 일을 능숙하게 처리하지 못했다. 주빈에게 음식을 가장 나중에 갖다주는가 하면, 커다란 접시에 조그만 셀러리를 잘못 담아 내놓기도 했다. 게다가 고기는 질겼고 감자는 기름으로 범벅이 되어 맛이 형편없었다. 그날의 디너 파티는 완전히 엉망이 되어버린 것이다.

나는 화가 치밀어올라 견딜 수가 없었지만 웃는 얼굴을 보여주어야만 했다. 때문에 앉은 자리가 가시방석처럼 느껴졌다. 나는 속으로 '에밀을 만나면 단단히 혼을 내주겠다.'고 결심했다.

다음날 저녁, 나는 대인관계에 관한 강연회에 참석하게 되었다. 그 강연을 들으면서 에밀을 일방적으로 책망하는 것은 현명하지 못하다는 생각이 들었다. 만약 에밀을 심하게 꾸짖으면 다음부터는 나를 도와주지 않거나, 도와준다고 해도 소홀하게 처리할 게 틀림없었기 때문이다.

나는 에밀의 입장에서 다시 한 번 생각해 보았다. '그가 요리의 재료를 사온 것도, 직접 요리를 한 것도 아니지 않은가. 그가 부리는 사람 중에는 능력이 부족한 사람도 있을 수 있는 일이다. 약속을 어기기는 했지만 대신 다른 웨이터를 보내주지 않았는가.'

그런 생각을 하면서 맺혀 있던 내 마음은 조금씩 풀어졌다. 나는 생각을 바꾸고 그를 책망하지 않는 대신 지금까지 나의 일을 충실히 돌봐준 것에 대해 감사해야겠다고 작정했다. 이 방법은 놀라운 효과를 거두었다.

다음날, 나는 에밀을 만났다. 에밀은 이미 디너 파티가 엉망이 되었다는 소식을 들었기 때문에 잔뜩 굳은 얼굴이었다. 나는 부드러운 표정을 짓고 말했다.

"에밀, 당신은 우리 집 파티에 없어서는 안 될 소중한 사람이에요. 당신은 뉴욕에서 최고의 웨이터장이란 사실을 깨닫게 되었지요. 재료 구입이나 요리는 당신의 책임이 아니에요. 지난 수요일에는 실수가 발생했지만 그거야 어쩔 수 없는 일이지요."

그러자 그의 굳은 표정에 미소가 번지기 시작했다.

"그렇습니다, 부인! 그 요리사의 솜씨가 형편없어서 그런 일이 발생한 것입니다."

"에밀, 실은 또 파티를 열고 싶은데 아무래도 당신이 와주지 않으면 곤란하겠어요. 이번에는 안심해도 될까요?"

"물론입니다, 부인! 그런 실수는 다시는 없을 것입니다."

그 다음 주에 나는 다시 디너 파티를 열었다. 이번에는 에밀과 상의해서 메뉴를 정하고 그의 의견을 충분히 수렴해 주었다. 그날 나는 여러 손님들과 함께 파티장으로 들어섰는데, 모든 손님들이 탄성을 질렀다. 테이블마다 아름다운 장미꽃들이 예쁘게 장식되어 있었기 때문이다.

에밀은 손님을 접대하는 데 온 힘을 기울였다. 아마 여왕을 초대했어도 그렇게 훌륭한 서비스는 받기 힘들 거라고 생각될 정도였다. 요리마다 맛은 최고였고, 웨이터도 전과는 달리 네 명이나 와서 서비스를 해주었다. 나중에는 웨이터장인 에밀이 직접 요리를 나르기까지 했다.

파티가 끝나자, 그날의 주빈이 디너 파티를 극찬해 주었다.

"부인께서 저 웨이터장에게 마술이라도 부리셨습니까? 이렇게 훌륭한 서비스를 받아보기는 난생 처음입니다."

그렇다. 나는 부드러운 태도와 마음으로부터 우러나온 칭찬이라는 마술을 부렸던 것이다.

초등학생이면 누구나 다 알고 있는 이야기지만, 태양과 북풍이 서로 힘겨루기를 하는 우화가 있다.

어느 날, 태양과 북풍은 서로 힘이 더 세다면서 말다툼을 했다. 좀처럼 결론이 나지 않자 북풍이 지나가는 나그네를 가리키며 말했다.

"저 나그네의 외투를 먼저 벗기는 쪽이 이긴 것으로 하자."

"좋아!"

"내가 강하다는 건 천하가 다 아는 일이야. 내가 너보다 먼저 벗기는 걸 보여주겠다."

태양이 구름 뒤에 숨자, 북풍은 찬바람을 일으켜 나그네 쪽으로 날려보냈다. 찬바람이 불면 불수록 나그네는 외투를 단단히 여밀 뿐, 절대로 벗지 않았다. 아무리 바람을 불어대도 끄떡하지 않자,

북풍은 화가 나서 물러났다.

그제서야 태양이 얼굴을 내밀고 이글거리는 햇살을 나그네에게 비추었다. 더워서 견딜 수 없게 된 나그네는 외투를 풀어 젖혔다. 나중에는 외투를 완전히 벗어버리고 나무 그늘에 누워버렸다. 친절하고 온화한 방법이 강한 힘을 행사하는 방법보다 더 효과적이었던 것이다.

보스턴의 B 씨는 몇십 년 전에 이 우화의 진리를 실증한 분이었다. 이 노인의 이야기를 들어보자.

1904년, 당시 보스턴에서 발행되는 신문에는 이상한 의사의 광고가 자주 게재되었다. 중절 수술을 전문으로 하는 의사와 환자의 돈을 갈취하는 돌팔이 의사들이 환자의 공포심을 유발시키는 광고를 게재하여 엉터리 치료를 했던 것이다.

그 때문에 수많은 의료 희생자가 발생했지만 처벌받는 의사는 한 사람도 없었다. 적발된 의사는 약간의 벌금형을 받거나 사법기관을 매수해서 사건을 무마시켰다.

결국 이러한 의사들의 횡포에 견디다 못한 보스턴 시민들은 분개했다. 각 사회단체에서는 이상한 광고를 실어주는 신문을 비난하며 그러한 광고를 즉각 중지할 것을 요구했지만 아무런 효과도 나타나지 않았다.

결국 신문광고 금지법을 둘러싸고 주 의회에서 치열한 논쟁이 벌어졌지만 매수된 의원들의 정치적인 압력으로 인해서 무너지고 말았다. 당시 B씨는 보스턴기독교연합회장을 맡고 있었다. 그 위원회 역시 전력을 다해 의료 광고 게재의 금지를 부르짖었지만 역부족이었다.

어느 날 밤, B 씨는 지금까지와는 전혀 다른 방법으로 투쟁해 보기로 결심했다. 신문 발행인이 자발적으로 광고를 중지하도록 만들어야겠다는 생각이었다. 그건 친절, 동정, 감사의 방법이었다.

그는 <보스턴 헤럴드> 지의 사장에게 편지를 썼다. 평소 생각했던 그대로 신문의 좋은 점들을 칭찬하는 내용이었다. 뉴스는 늘 정확하고 선동적인 면이 없으며 사설의 논조도 대단히 우수하다. 뉴잉글랜드를 비롯해 전 미국의 신문들 중에서도 일류에 속한다. 그렇기 때문에 이 신문을 오랫동안 애독하고 있다고 소개한 뒤 이렇게 덧붙였다.

제 친구 중에는 어린 딸을 가진 사람이 있습니다.
어느 날 밤, 그 딸이 귀 신문에 게재된 중절 전문 의사의 광고를 읽고는 아버지에게 의문 나는 점을 질문했다고 합니다. 딸의 질문에 난처해진 아버지는 당황해서 말꼬리를 돌리느라 애를 먹었다면서 저에게 하소연했습니다.

귀하의 신문은 보스턴에서도 상류 가정에서 읽혀지고 있습니다. 그렇다면 제 친구가 겪었던 일이 다른 가정에서도 일어나지 않는다고 장담할 수는 없는 것입니다. 만약, 귀하의 어린 딸이 그런 이상한 질문을 한다면 귀하는 어떻게 대답하시겠는지요?

일류인 귀하의 신문에 아버지로서 딸에게 보여주고 싶지 않은 대목이 한 군데라도 있다는 점은 대단히 유감스러운 일입니다. 아마 <보스턴 헤럴드>를 애독하는 수많은 독자들도 저와 비슷한 느낌을 갖고 있을 거라고 확신합니다.

이틀 후, B 씨는 <보스턴 헤럴드> 지의 사장에게서 답장을 받았다. B 씨는 오랫동안 그 편지를 간직해 오다가 대인관계 강좌에 참가했던 사람들에게 보여주었다.

며칠 전에 보내주신 친절한 편지는 대단히 고맙게 받아보았습니다. 저는 사장으로 취임한 이후 지금까지 그 문제에 대해 고민했습니다. 그런데 선생님의 편지를 받고서야 겨우 결단이 섰습니다. 다음 월요일부터 <보스턴 헤럴드> 지에서는 수상한 문구의 광고는 모두 삭제하도록 노력하겠습니다. 질 세척기 따위의 광고는 일체 게재하지 않을 것이며, 부득이 게재해야 될 의료 광고일지라도 불미스러운 점이 없도록 주의를 기울여 편집할 생각입니다.

이솝은 고대 그리스 크리사스 왕궁의 노예였다. 예수가 탄생하기 6백여 년 전, 그는 불후의 명작 《이솝 이야기》를 썼다. 이 책의 교훈은 1천 5백여 년 전의 아테네에서나 현대의 어느 곳에서나 똑같이 진리로 통하고 있다. 태양은 친절, 우애, 감사의 마음으로 그 어떤 방법보다도 쉽게 인간의 마음을 움직일 수가 있었다.
　　링컨의 '1갤런의 물보다 한 방울의 꿀을 사용하는 편이 더 많은 파리를 잡을 수 있다.'는 명언을 항상 기억하라.

> **우호적인 자세로 문제를 해결하라**
>
> 　　누군가에게 험한 욕설을 들은 사람은 절대 상대방의 요구대로 움직여주지 않는다. 상대방이 강압적으로 나온다면 이쪽에서도 우격다짐으로 대하게 되는 것이다. 그러나 잘 해결해 보자는 부드러운 태도를 보여준다면 이야기는 달라진다. 서로의 견해 차이는 인내심과 솔직함을 전제로 한 선의로써 충분히 해결할 수 있다. 상대방을 자신의 의견에 따르도록 만들기 위해서는 우선 우호적인 자세로 자신이 그 사람과 같은 생각을 가지고 있다는 것을 인식시켜 주어라. 이것은 사람의 마음을 잡는 한 방울의 꿀이며, 상대방의 이성에 호소하는 최선의 방법이다.

가능한 논쟁은 피하자

논쟁을 이기는 최고의 방법은 '논쟁을 피하라.'는 것이다. 논쟁은 대개 자신의 생각이 절대로 옳다는 것을 더욱 굳히기 위한 방법에 불과하기 때문에 결말은 언제나 마찬가지이다.

어느 날 저녁, 제1차 세계대전에서 커다란 공을 세운 로드 스미스 경을 위해 베풀어진 만찬회에 카네기도 참석하게 되었다. 만찬회 분위기가 한창 무르익을 무렵, 바로 카네기 옆에 앉아 있던 한 사내가 이 구절을 인용해서 이야기를 해주었다.

"사람이 일을 시작해 놓으면 마무리는 하느님이 해주신다."

그는 이 말이 성경에서 인용된 것이라고 했지만 그건 틀린 말이었다. 카네기는 그 구절의 출전을 정확하게 기억하고 있었고, 그가 틀렸다는 것은 의심할 여지가 없었다. 카네기는 자신의 우월감을 만족시키기 위해 그 인용이 잘못된 것임을 지적함으로써 미움 받을 말을 하고 말았다.

"그 구절은 성서에 나오는 말이 아니라 셰익스피어의 작품에 나오는 말인데요."

그러자 그는 발끈 화를 내며 자신의 주장을 굽히지 않았다.

"뭐라고요? 셰익스피어의 말이라구요? 절대 그렇지 않습니다! 그건 성경에서 인용된 것이 틀림없어요."

그는 카네기의 오른쪽에 앉아 있었고, 왼쪽에는 카네기의 오랜 친구인 프랭크 가몬드가 앉아 있었다. 그런데 가몬드는 오랫동안 셰익스피어에 대해 연구를 해오던 친구였다. 그 사내와 카네기는 이 문제를 가몬드에게 물어보기로 했다.

가몬드는 그들의 이야기를 모두 듣고 난 뒤 식탁 밑으로 카네기의 다리를 발로 툭 차고는 이렇게 말했다.

"데일, 자네가 틀렸네. 이분 말씀대로 성경에 나오는 구절이야."

그날 밤, 만찬회가 끝나고 집으로 돌아오는 길에 카네기는 가몬드에게 물었다.

"프랭크, 자네도 그 구절이 셰익스피어의 작품에 나온 말이라는 걸 잘 알고 있지 않은가?"

"물론이지. 그 말은 《햄릿》의 5막 2장에 나오는 말이지. 하지만 우리는 경사스러운 자리에 손님으로 초대받아 갔던 거지. 그런데 무엇 때문에 상대방이 옳지 않다는 걸 증명하려고 애를 써야 하겠나? 어느 경우에도 모가 나는 건 피하는 것이 좋지 않겠나?"

'어느 경우이든 모가 나는 걸 피하라!'

이 교훈을 가르쳐준 가몬드는 이미 이 세상 사람이 아니지만, 그의 말은 아직도 유효하게 남아 있다. 그때까지 카네기는 논쟁을 상습적으로 즐기는 언쟁가에 불과했기 때문에 이 말은 참으로 필요한 교훈이었다.

카네기는 어릴 때부터 주위 사람들과 논쟁 벌이기를 좋아했다. 대학에서 논리학과 변론을 본격적으로 공부했고, 그 후 뉴욕에서 토론과 논법에 대한 강의도 했었다. 그리고 한때는 토론에 관한 책도 써보려고 마음먹을 정도였다. 그래서 논쟁에 대한 수많은 자료를 구했고, 논쟁을 경청하거나 가담하면서 그 효과를 관찰하기도 했다.

카네기는 그제서야 논쟁을 이기는 최고의 결론을 깨닫게 되었다고 한다. 그건 '논쟁을 피하라.'는 것이다. 논쟁은 대개 자신의 생각이 절대로 옳다는 것을 더욱 굳히기 위한 방법에 불과하기 때문에 결말은 언제나 마찬가지이다.

그 누구라도 논쟁에서 이길 수는 없다. 만약 논쟁에서 졌을 경우에는 물론이고 이겼다 해도 역시 진 거나 마찬가지다. 가령, 논쟁을 벌이던 상대방의 주장이 틀렸다는 걸 당신이 완벽하게 증명해 버렸다고 해보자. 그 결과는 어떻게 되겠는가?

승자인 당신은 잠시 동안은 유쾌할지 모른다. 하지만 논쟁에서

진 상대방은 어떨까? 당신에게 자존심이 상한 그는 열등의식을 갖게 되고, 그 결과 속으로 당신을 저주하게 될 것이다.

어쩌면 당신은 '어쨌든 논쟁을 통해서 상대방은 자신의 잘못된 생각이 무엇인지 깨닫게 될 것이 아닌가?' 하고 생각할는지도 모른다. 하지만 천만의 말씀이다. 그의 생각은 궁극적으로 조금도 변하지 않는다. 상대방의 논리에 일시적으로 진 것일 뿐, 마음속으로 그는 여전히 자신이 옳다고 믿고 있기 때문이다.

밴 상호 생명보험회사에서는 보험 외판원의 태도에 대해 다음과 같은 방침을 설정해 놓았다.

'논쟁하지 말자!'

판매에 있어서는 논쟁은 불구하고 언쟁 비슷한 것도 전혀 득이 되지 않는다. 만약 소비자와 논쟁을 벌인다면 소비자는 마음이 상해서 구입하고 싶었던 물건이라 할지라도 절대로 그에게 사지 않기 때문이다.

그에 관련된 좋은 예가 있다.

호전적인 성격의 패트릭 J. 오하일은 자동차 회사에서 트럭 세일즈를 하고 있었는데, 판매가 신통치 않아서 강좌를 듣고자 카네기를 찾아갔다.

카네기는 짧은 대화를 통해 그가 언쟁하기 좋아하는 성격이라는 것을 금세 알아차릴 수 있었다. 그는 상대방이 자신이 판매하는 트럭의 단점을 잡아내려고 하면 절대로 참지 못했다. 그리곤 어떠한 일이 있어도 그들의 생각이 잘못된 것임을 인식시켜주기 위해 맹렬하게 논쟁을 벌이곤 했다. 그는 이런 말도 덧붙였다.

"나는 그들의 사무실을 나올 때마다 '어때, 이젠 내 말을 알아들었겠지?' 하고 혼잣말처럼 중얼거립니다. 분명히 알아듣도록 설명은 했는데 이상한 건, 트럭은 전혀 팔지 못했다는 겁니다."

카네기는 오하일에게 트럭을 판매하기 위해 이야기를 잘하는 방법을 가르치지는 않았다. 다만 상대방의 말을 들어주고 논쟁을 피하라고만 가르쳤다. 현재 그는 화이트 모터스에서 제일 유능한 외판원이 되었다.

그는 자신의 경험담을 빌어 이런 말을 해주었다.

만약 그가 어떤 사람에게 트럭을 팔기 위해 상담을 하고 있는데 상대방이 계속해서 부정적인 태도를 취했다고 해보자.

"화이트 트럭이요? 그걸 왜 돈을 주고 삽니까? 나라면 누가 공짜로 준다고 해도 후드잇 트럭을 사겠네요."

그때 그는 상대방의 말에 맞장구를 친다.

"맞는 말씀입니다. 후드잇 트럭은 아주 훌륭하죠. 아마 후드잇 트럭을 사신다면 후회하지는 않을 겁니다. 회사도 훌륭하고 세일즈맨들도 아주 좋은 분들이죠."

그가 이렇게 말하면 논쟁의 여지가 없어졌기 때문에 상대방은 더 이상 할 말이 없게 된다. 상대방이 최고라고 말하는 후드잇을 그 또한 그렇다고 동의했는데 더 이상 무슨 말이 필요하겠는가. 이쯤 되면 상대방의 화제를 바꾸어 화이트 트럭의 장점에 대해서 이야기하게 마련이다.

이때 예전의 그라면 어떻게 했을까? 상대방이 후드잇 트럭의 장점을 들어가며 칭찬하기 시작하면 그는 후드잇 트럭에 대한 단점을 늘어놓기 시작했다. 그가 화를 내면서 후드잇 트럭에 대해 험담하면 할수록 상대방은 더욱더 후드잇 트럭을 두둔하게 된다. 그러는 사이에 상대방은 후드잇 트럭이 좋다는 인상을 강하게 받게 되므로 그가 트럭을 팔지 못하는 건 지극히 당연했다.

그는 이렇게 덧붙여 말했다.

"지금 생각해 보면 그런 식으로 장사를 했다는 것이 참으로 어리석기 그지없다. 나는 논쟁 때문에 손해만 보았다. 지금은 가능한 한 말을 하지 않고 상대방의 이야기에 맞장구를 쳐준다. 그것이 나의 성공을 부추겨주었다."

벤자민 프랭클린은 이렇게 말했다.

"논쟁을 통해서 상대방을 궁지로 몰고 간 사람은 이긴 듯한 성취감을 느낄 수도 있다. 그러나 그것은 한 사람의 신임을 잃는 것이므로 성과 없는 승리에 불과하다. 그러한 승리는 무의미하고 공허한 것이다."

이쯤에서 깊이 생각해 봐야 한다. 당신은 논쟁으로 인해 무의미한 승리를 택할 것인가, 아니면 한 사람의 신임을 택할 것인가? 절대로 이 두 가지는 한꺼번에 쟁취할 수 없다.

우드로 윌슨 내각의 재무장관이었던 윌리엄 G. 매커드는 다년간의 정치 생활에서 '무지한 사람을 논쟁으로 이긴다는 것은 불가능하다는 사실을 깨달았다.'고 말했다. 매커드는 '무지한 사람'으로 한정해서 말했지만, 어떤 사람도 논쟁으로 생각을 변화시키기란 거의 불가능할 것이다.

한 가지 실례를 들어보자.

소득세 부문을 책임지고 있는 프레드릭 S. 퍼슨즈 세무사는 어느 날 정부의 세무 검사관과 논쟁을 벌이게 되었다. 9천 달러가 기재된 어떤 항목이 문제가 된 것이다. 퍼슨즈는 이 9천 달러가 현실적으로 회수가 불가능한 채권이기 때문에 이에 대한 과세는 있을 수 없다고 주장했다.

"그런 어처구니없는 이야기는 지금까지 들어본 일조차 없소. 당연히 세금을 부과해야 합니다."

검사관은 아무리 설명을 해도 자신의 뜻을 절대로 굽히지 않았다. 그들은 몇 시간 동안 이 문제로 논쟁을 벌였지만, 해결의 기미는 전혀 보이지 않았다. 퍼슨즈는 이 검사관이 완고하고 냉정하며 교만한 사람이기 때문에 아무리 설명해도 분명히 사실이나 이론

조차 수긍하려 하지 않는 사람임을 알았다. 그래서 퍼슨즈는 논쟁을 중단하고 화제를 바꾸어 그를 칭찬해 주기 시작했다.

"이 문제는 검사관이 결정해야 할, 중요하고 어려운 다른 문제에 비한다면 참으로 하찮은 것에 불과할 것입니다. 나도 소득세 부과에 대한 공부를 하고 있지만 어쩌면 내가 틀렸을지도 모르는 일이지요. 나의 지식은 모두가 책에서 얻은 것에 불과하고, 검사관의 지식은 경험으로부터 얻은 것이니까요. 그래서 때로는 검사관의 직업이 부러울 때도 있습니다. 소득세를 부과하는 데 필요한 참된 지식을 얻을 수 있으니까요."

퍼슨즈가 평소 부러워했던 점들을 솔직히 털어놓자 검사관의 표정이 금세 풀어졌다. 당연히 그들의 논쟁은 거기에서 그쳤고, 검사관은 편안한 자세로 앉아 자신의 경험담을 늘어놓았다. 나중에는 서로의 아이들에 관한 이야기까지 나누었다. 마지막에는 자신이 적발한 탈세 문제를 자세히 재검토하여 2, 3일 내로 결과를 알려주겠다는 말을 남겼다.

사흘 후, 검사관은 퍼슨즈의 사무실로 찾아와 그 항목에 대한 세금을 부과하지 않기로 결정했다는 사실을 직접 알려주었다. 검사관은 인간이라면 누구나 갖고 싶어 하는 공통된 약점을 드러내고 있었다. 그는 자기가 존경받는 사람이라는 느낌을 갖고 싶었던 것이다.

퍼슨즈와 논쟁할 때, 그는 자신의 권위를 내세우면서도 존경받고 싶어했던 것이다. 그러나 그의 중요성이 인정되고 자아를 확보할 수 있는 여지가 생기자, 그는 친절한 인간으로 변했던 것이다.

나폴레옹 왕실의 시종인 콘스탄틴은 황후 조세핀과 가끔 당구를 쳤다. 그가 저술한 《나폴레옹의 사생활 회상록》이라는 책에서 그때의 일을 이렇게 고백했다.

'나는 당구에 상당한 실력을 갖고 있었지만, 항상 아슬아슬하게 그녀가 나를 이길 수 있도록 해주었다. 그것은 그녀에게 큰 기쁨을 주었다.'

이 고백에는 불멸의 교훈이 담겨 있다. 고객이나 애인, 또는 부부간에 가끔씩 하찮은 말다툼이 일어날 경우 승리를 상대방에게 양보해 주는 것이다.

석가는 '미움을 미움으로 대하면 영원히 없어지지 않고, 사랑으로 대할 때만 비로소 없어진다.'고 말했다. 상대의 입장에서 동정적으로 생각하는 마음을 표현할 때 비로소 문제는 해결된다.

링컨은 주위 사람들과 과격한 언쟁을 자주 일삼는 한 젊은 사관에게 이렇게 충고한 적이 있었다.

"뜻을 세워놓은 사람은 사사로운 언쟁으로 시간을 낭비하지 않는다네. 그런 사람은 논쟁으로 불쾌해지거나 자제력을 잃게 되는 결과를 생각하고 싸우지 않는 것이지. 만약 어떤 일에 절반 정도밖에 확신을 갖지 못한다면 차라리 양보하는 편이 현명하다네. 좁은 길에서 개와 마주쳤을 때 시시비비를 가리다가 개에게 물리기보다는 차라리 그 개에게 길을 양보하는 편이 낫지 않겠나. 개를 죽인다 해도 개에게 물린 상처는 남게 되니까 말일세."

어느 경우든 모가 나는 걸 피하라!

그 누구라도 논쟁에서 이길 수는 없다. 논쟁에서 졌을 경우는 물론이고, 이겼다 해도 진 거나 마찬가지이기 때문이다. 가령 논쟁을 벌이던 상대방의 주장이 틀렸다는 걸 당신이 완벽하게 증명해 버렸다고 해보자. 그 결과는 어떻게 되겠는가?

승자인 당신은 잠시나마 유쾌할지 모른다. 하지만 논쟁에서 진 상대방은 어떨까? 당신에게 자존심이 상한 그는 열등의식을 갖게 되고, 그 결과 속으로 당신을 저주하게 될 것이다. 어쩌면 당신은 '어쨌든 논쟁을 통해서 상대방은 자신의 잘못된 생각이 무엇인지 깨닫게 된 것이 아닌가?' 하고 생각할지도 모른다. 하지만 천만의 말씀이다.

패자의 생각은 궁극적으로 조금도 변하지 않는다. 상대방의 논리에 일시적으로 진 것일 뿐, 마음속으로 그는 여전히 자신이 옳다고 믿고 있기 때문이다.

자신의 잘못을
솔직하게 인정하자

자신이 옳을 경우에는 상대방을 기술적으로 잘 이끌어서 설득하는 것이 중요하다. 사실 생각해 보면 우리가 옳지 않은 경우는 놀랍도록 많다. 이런 경우 진심으로 그 잘못을 인정하라.

자신의 잘못이 인정된다면 상대방이 분노하기 전에 먼저 사과하는 것이 현명하다. 그러면 상대방의 분노는 사그라지게 되어 있다. 상대방이 자신을 비난하는 편이 마음 편할 것이다. 상대방에게 말할 기회를 주지 않고 미리 선수를 치게 되면, 상대방은 아무 할 말이 없어진다. 그렇게 되면 아마 화를 내야 될 상황에서도 관대함과 너그러움을 보이며 당신의 실수를 용서하게 될 것이다.

상업미술가인 페르난도 E. 워렌 씨는 이 방법을 이용해서 까다롭고 신경질적인 미술 편집자의 마음을 사로잡는데 성공했다.

"광고나 출판용 그림은 섬세하고 정확해야 한다."

이렇게 서두를 꺼낸 워렌 씨는 다음과 같은 이야기를 했다.

어떤 미술 편집자는 촉박하게 시일을 주고는 무조건 즉시 제작하도록 요청해 오는 경우가 있다. 그런 때는 사소한 실수를 범하기가 쉽다. 내 고객 중에는 사소한 실수를 찾아내서 내게 비난하기를 즐기는 한 미술 편집자가 있었다.

한 번은 그의 일을 벼락치기로 급히 끝낸 적이 있었다. 내 실수를 발견한 그는 즉시 전화를 걸어 나를 자신의 사무실로 불렀다. 내가 사무실에 들어서자마자 그는 기다리고 있었다는 듯 혹평을 퍼붓기 시작했다. 그는 작품을 앞에 놓고 일을 이따위로 하면 어떻게 하느냐며 나에게 따졌다. 나는 전부터 알아두었던 자기비판법을 마음껏 응용해 보기로 마음먹었다.

"선생님 말씀을 듣고 보니 내 잘못이 분명합니다. 이 엄청난 잘못에 대해서는 변명할 말이 없습니다. 오랫동안 선생님의 도움으로 그림을 그려오면서 이번에는 좀 더 일을 잘해 보려고 했는데 이 모양이 됐으니 참 부끄럽기 그지없습니다."

나 스스로의 비판이 끝나자, 그는 무언가 말하려 하며 오히려 나를 감싸주었다.

"그건 그렇지만, 지나치게 그러지는 말아요. 이건 별로 대수로운 실수도 아닌데……."

나는 재빨리 그의 말을 가로막으며 자기비판을 계속했다. 생전 처음 스스로를 비판해 보니 제법 기분이 좋아지는 것도 느껴졌다.

"대수롭지 않다고 해도 일에 있어서는 중대한 것입니다. 처음부터 좀 더 신중하게 다루어야 했는데, 제 잘못이 큽니다. 선생님께서는 저에게 많은 일거리를 주셨으니 저로서는 최선을 다하는 것이 도리입니다. 처음부터 이 일은 다시 해보겠습니다."

그러자 그가 손을 내저으며 말렸다.

"아니에요. 그렇게 일을 번거롭게 만들 생각은 없어요. 그저 좀……."

기세가 누그러진 그는 내 작품을 칭찬하고 나서 몇 군데의 수정을 요구했다. 그 실수는 사실 대단찮은 일이라서 손해를 본 것도 아니니 너무 걱정할 필요는 없다고, 오히려 나를 안심시켜주었다.

마침내 그는 나를 점심식사에 초대했고 헤어질 때는 그림 값과 함께 다른 일거리도 제공해 주었다. 나의 자기비판은 그와의 싸움에서 승리를 거두게 해주었던 것이다.

아무리 멍청한 사람일지라도 자기 잘못에 대한 변명은 할 줄 안다. 사실 어리석은 사람일수록 대개 그런 것을 잘한다. 자기의 잘못을 솔직히 인정하는 태도는 그 사람의 가치를 끌어 올려주고 스스로도 고결한 느낌이 들어 흐뭇한 마음을 갖도록 한다.

남북전쟁 때 남군 총사령관 로버트 E. 리 장군의 전기에 나오는 한 가지 미담을 소개하겠다. 게티즈버그 전투에서 피켓 장군의 돌격 작전이 실패했을 때 그 책임을 리 장군 혼자서 짊어졌던 훌륭한 이야기이다.

피켓 장군의 돌격 작전은 일찍이 서양 전투 사상 유례를 찾아볼 수 없을 만큼 무모하고도 장렬한 것이었다. 피켓 장군은 갈색 머리카락을 어깨까지 길게 내려뜨린 당당한 용모에 작전에도 능란했다. 나폴레옹이 이탈리아 전선에서 그랬던 것처럼 그는 싸움터에서 매일같이 열렬한 연애편지를 쓸 만큼 정열적인 사람이었다.

6월 어느 날, 그는 군모를 오른쪽으로 비스듬히 쓴 채, 돌격부대를 이끌고 기세당당하게 게티즈버그에 모습을 나타냈다. 햇빛에 총검이 번뜩였고, 그의 병사들은 군기를 하늘로 꼿꼿이 세운 채 그의 뒤를 따랐다. 이 당당하고 찬란한 광경은 남군의 사기를 드높였으며 북군의 진영에서도 찬탄의 소리가 새어나올 정도였다.

피켓의 돌격부대는 과수원과 옥수수밭을 지나고 목장을 넘어서 적군을 향해 맹렬하게 돌진했다. 북군의 대포가 죽음의 구멍을 파헤쳐 놓았지만, 그의 대열은 조금도 흔들리지 않았다.

그들이 세미트리 능선에 도착했을 때 돌담에 잠복해 있던 북군의 보병대가 일제히 뛰어나와 그 대열을 향해 사격을 가해 왔다. 그 일대는 화염으로 뒤덮였고 순식간에 아수라장으로 변했다.

한순간에 피켓 돌격부대의 지휘관들은 아미스테드만을 남겨놓고 모두 전사했으며, 단 몇 분 사이에 5천의 병력 가운데 4천 명을 잃고 말았다. 아미스테드는 돌담을 뛰어넘으며 살아남은 병사를 이끌고 최후의 돌격을 감행했다. 그는 칼끝에 모자를 꽂아 높이 치켜들며 목이 쉬도록 외쳐댔다.

"돌격! 돌격!"

돌격대는 그를 따라 적진으로 돌격해 들어갔다. 북군과 육박전을 벌이며 세미트리 능선으로 한 발 한 발 다가갔다. 치열한 난전 끝에 드디어 남군의 군기가 세미트리 능선 위에서 펄럭였다.

그러나 그것은 잠시 동안의 덧없는 승리일 뿐이었다. 곧이어 남군의 군기는 내려지고 북군의 군기가 나부꼈다. 피켓의 돌격부대는 용감하고 찬란했지만, 작전은 대 실패였다. 사실 그것은 남군 패배의 첫걸음이었다. 완패를 당한 리 장군은 그 책임을 졌다. 남부 대통령인 제퍼슨 데이비스에게 사표를 제출했으며, 젊고 유능한 인물을 대신 임명해 달라고 건의했다.

만일 그가 피켓 부대의 패전 책임을 다른 사람에게 돌리려고 마음만 먹었다면 얼마든지 그 이유를 찾아낼 수 있었다. 그의 사단 사령관 중 몇 사람은 그의 명령을 의도적으로 따르지 않았고, 기병대는 피켓 돌격부대의 공격을 지원하는 시기를 놓치기도 했었다. 그 외에도 여러 가지 이유는 있었다.

그러나 리 장군은 다른 사람에게 책임을 전가시키기에는 너무나 고결한 인물이었다. 패전한 피켓의 돌격부대가 피투성이가 되어 연방군 전선으로 후퇴했을 때, 그는 그들을 마중 나가 엄숙한 말투로 자신을 책망했다.

"모든 것이 내 잘못이오. 이 전쟁에서 연방군을 패배하게 만든 것은 내 책임이오!"

이런 말을 스스로 할 수 있는 용기와 인격을 가진 장군은 동서고금을 통틀어도 그렇게 흔하지 않을 것이다.

허버트는 독창적인 작가 중의 한 사람으로 그만큼 사람들의 마음을 자극한 이도 드물 것이다. 그는 신랄한 문장으로 인해 독자들의 맹렬한 반발을 야기시키곤 했다. 그런데 그는 사람을 다루는 솜씨가 매우 능수능란해서 적을 친구로 만들기가 예사였다. 예를 들어, 어떤 내용에 대해서 격분한 한 독자가 맹렬히 비난하는 편지를 보내오면 허버트는 이렇게 회답했다.

'실은 나 자신도 그 글에 대해 전적으로 찬동하는 것은 아닙니다. 어제의 내 의견이 오늘의 의견과 똑같은 것만은 아닙니다. 귀하의 의견을 읽고 진정으로 나의 뜻을 알아주신다는 느낌을 받았습니다. 그 문제에 대한 귀하의 생각을 알고 싶으니 직접 오셔서 저와 함께 이 문제를 진지하게 논의해 보면 어떠신지요? 멀리 떨어져 있지만, 이렇게 악수를 청합니다.'

당신이라면 이렇게 대응해 오는 사람을 적으로 삼을 수 있겠는가? 자신이 옳을 경우에는 상대방을 기술적으로 잘 이끌어서 설득하는 것이 중요하다. 그러나 사실 생각해 보면 우리가 옳지 않은 경우는 놀랍도록 많다. 이런 경우 진심으로 그 잘못을 인정하라. 그 결과, 예상했던 것 이상의 효과가 발생할 것이다. 괴로운 변명을 하기보다 자기반성을 하는 것이 훨씬 편하지 않겠는가. 속담에도 이런 말이 있다.

'싸움으로는 충분한 결과를 얻을 수 없다. 만약 그 싸움을 피한다면 기대했던 이상의 결과를 얻게 될 것이다.'

잘못이 있을 경우 스스로 그것을 인정하라

자신의 잘못이 인정된다면 상대방이 분노를 표시하기 전에 자신이 먼저 사과를 하도록 하라. 그러면 상대방은 분노를 누그러뜨리게 되고, 마땅히 화를 내야 할 상황이라 할지라도 관대함과 너그러움을 보이며 당신의 실수를 용서하게 될 것이다. 또한 상대방이 당신을 비난하는 소리를 듣는 것보다 차라리 당신 스스로 비판하는 편이 자신의 마음을 편하게 할 것이다. 잘못이 있을 경우 진심으로 그 잘못을 인정하라.

상대방의 실수를 비난하지 말라

사람들은 별다른 저항을 느끼지 않고 가끔 자신의 생각을 바꾸는 경우가 있다. 그런데 잘못을 지적당하면 화를 내며 고집을 부린다. 사람들이 중요시하는 것은 위기에 빠진 자신의 자존심인 것이다.

어떤 사람의 생각이 확실히 틀렸을 경우 그에게 그 사실을 지적해 준 뒤의 상황을 상상해 보라. 과연 어떤 일이 일어나겠는가?

그 예를 한 번 들어보기로 하자. 뉴욕의 젊은 변호사 S 씨는 얼마 전부터 고등법원에서 중요한 사건을 변론하고 있었다. 그 사건은 거액의 돈과 관련된 매우 중요한 문제였다. 한창 변론이 진행되고 있을 때, 판사가 이렇게 말했다.

"해상에 관한 법률의 기한 규정은 6년입니다."

S 씨는 잠시 판사를 바라보다가 서슴없이 말했다.

"재판관님, 해상법에는 기한 규정이 없습니다."

그때의 상황을 그 변호사는 이렇게 말했다.

"법정 안은 갑자기 찬물을 끼얹은 듯 조용해지면서 냉기가 감돌았지요. 나는 판사의 말이 틀렸기 때문에 그렇게 말했을 뿐이지만, 그 결과 판사를 매우 불쾌하게 만들었을 겁니다. 법은 확실히 내 편이었고 변론도 그 어느 때보다 훌륭했지만, 결과적으로 그를 설득시키지는 못했던 겁니다. 대단한 명성과 권위를 지닌 분에게 공개적으로 틀렸다고 말한 것이 나의 큰 실수였지요."

논리대로 살아가는 사람은 거의 없다. 대부분 자신만의 편견에 사로잡혀 편협하게 살아가는 것이 사람들이다. 선입관·질투심·두려움·시기심·자만심 등으로 인해 사람들의 마음은 어느 정도 병들어 있다. 이 때문에 사람들은 자신의 생각을 쉽게 바꾸지 못하는 것이다.

당신이 상대방의 잘못에 대해 말하고 싶어질 때에는 다음의 글을 읽은 후에 해도 늦지는 않을 것이다. 제임스 하베 로빈슨 교수의 저서 《정신의 발달 과정》에 나오는 한 구절이다.

사람들은 별다른 저항을 느끼지 않고 가끔 자신의 생각을 바꾸는 경우가 있다. 그런데 누군가에게 잘못을 지적당하면 화를 내며 고집을 부린다. 이처럼 사람들은 대수롭지 않은 동기로 인해 여러 가지의 신념을 가지게 된다.

다른 사람이 그 신념을 변화시키려 하면 사람들은 무조건 거기에 반대하며 자신의 신념을 고수하려고 한다. 궁극적으로 사람들이 중요시하는 것은 신념 그 자체가 아니라 위기에 빠진 자신의 자존심인 것이다.

'나'라는 단순하게 보이는 이 말이 실상 우리 인간에게 있어서는 가장 중요한 말이다. 나의 식사, 나의 개, 나의 집, 나의 아버지, 나의 조국 등, 어떤 단어에 '나'가 붙게 되면 강한 의미를 담게 된다. 즉, 사람들은 '나의 시계'나 '나의 차'를 헐뜯는 경우에만 분노하는 것이 아니라, '나의' 조국 역사·의학 등에 대해서도 마찬가지의 반응을 보이는 것이다.

우리들은 진실이라고 믿고 있는 것을 조금도 바꾸지 않고 언제까지나 믿고 싶어한다. 그 신념을 다른 사람이 공격하면 화를 내고 무슨 구실을 대서라도 그 신념에 매달리려고 집착한다. 결국 사람들의 논쟁은, 자기의 신념을 고집하기 위한 논지를 찾는 노력으로 귀착되어 버린다.

루즈벨트는 대통령이 되었을 때, '자신의 생각 중에서 75퍼센트 정도만 옳다면 그 이상 아무것도 바랄 것이 없다.'고 고백한 적이 있다. 20세기의 위인 중 한 사람인 루즈벨트가 이런 소망을 갖고 있을 정도라면 평범한 우리들은 과연 어떻겠는가?

만약, 자신의 생각 중에서 55퍼센트 정도는 옳다고 확신할 수 있다면 당신은 분명히 성공한 인생이다. 하지만 50퍼센트에도 미치지 못한다고 생각된다면 당신은 타인의 생각이 옳고 그름에 대해 이야기할 자격이 없다. 아니, 당신이 아무리 확신을 가지고 상대방이 옳지 않다고 설득하려 해도 상대방은 절대로 당신 말에 동의할 수가 없게 된다.

상대방은 당신의 지적으로 인해서 자신의 판단력이나 지능, 그리고 자부심에 직접적인 충격을 받고, 결코 마음을 바꾸려고 하지 않기 때문이다. 이런 상태에서는 당신이 플라톤이나 칸트의 모든 논리를 동원해서 설명해도 그의 감정은 이미 손상되었기 때문에 생각을 변경시키기란 불가능하다. 상대방은 논리성에 상처받는 것이 아니라 감정에 상처를 받기 때문이다.

결과가 이렇다면 상대방의 잘못을 지적할 까닭이 없지 않은가? 더구나 상대방에게 '그 이유를 당신에게 설명해 주지.' 따위의 어투를 사용하는 것은 금물이다. 이 말은 '내가 너보다 똑똑하니, 네 잘못을 고쳐주겠다.' 는 말과 같은 뜻이 되어 상대방에게 도전하는 것과 마찬가지다. 상대방의 반발심을 불러일으켜서 전투 태세에 들어가도록 만들어버리는 것이다.

가장 편안한 조건하에서도 상대방의 생각을 바꾼다는 것은 대단히 어려운 일이다. 상대방을 설득하는 방법은 말로만 가능한 것이 아니다. 눈짓이나 억양, 또는 몸짓 등으로도 표현할 수가 있다. 왜 스스로 조건을 악화시키겠는가? 만일 상대방을 납득시킬 일이 있다면 상대방이 알아차리지 못하게끔 재치 있게 처리해야 한다.

영국의 정치가이며 외교관인 체스터필드 경은 그의 아들에게 이런 말을 했다.

"상대방을 가르치려는 내색을 나타내지 않으면서 가르치고, 상대방이 모르는 것이라면 아는 것을 내색하지 마라. 상대방보다 현명해지도록 노력하되, 자신의 현명함을 상대방이 눈치 채게 해서는 안 된다."

소크라테스는 아테네에서 제자들을 모아놓고 이렇게 말했다.

"내가 아는 것은 오로지 나는 아무것도 모른다는 사실뿐이다."

어느 누가 소크라테스보다 현명하다고 생각할 수 있을까? 아마도 그런 사람은 흔하지 않을 것이다. 그렇다면 자신을 과시하며 상대방에게 옳지 않다는 말을 하지 않는 게 좋다. 그렇게 하는 것이 당신에게 보다 많은 이익을 가져다주지 않을까. 만약 어떤 사람이 기정사실을 잘못 알고 있다면 당신은 이렇게 말해보라.

"내가 잘못 생각하는 것일 수도 있으니 아마 그럴지도 모르지요. 가끔 그런 잘못을 저지르기도 하거든요. 내 생각이 잘못되었다면 고쳐야 되니까 이 문제를 다시 한 번 검토해 주시겠습니까?"

이 말에는 대단한 마술이 숨겨져 있어서 큰 효과를 가져오게 된다. 당신 스스로 잘못된 생각을 고치고 싶다는 데 재검토를 반대할 사람은 없을 것이다. 이 화법은 과학자들이 많이 사용하는 방법이기도 하다.

북극 탐험가로도 유명한 스테판슨은 11년간이나 물과 고기만 먹으며 북극권 생활을 체험했던 사람이다. 그는 자신이 했던 어떤 실험에 대한 이야기를 들려주었는데, 그 실험을 통해 무엇을 증명하려 했는가에 대한 물음에 이렇게 대답했다.

"과학자는 그 무엇도 증명하려 하지 않습니다. 그저 사실만을 밝혀내려고 노력할 뿐이지요."

당신의 사고방식도 이처럼 과학적으로 갖도록 노력해야 한다. 자신이 그 생각을 갖고 있기만 하면 언제든지 할 수 있는 것이다. 그것을 막는 것은 다름 아닌 당신 자신이기 때문이다. 당신이 '이건 내 잘못입니다.'라고 자신의 잘못된 점을 시인한다면 상대방과의 사이에서 절대로 말썽은 일어나지 않는다. 이것은 모든 언쟁을 막아주는 동시에 공정하고 개방적이며 동정적인 사람이 되도록 상대방을 감화시킬 수 있다. 상대방 또한 자신이 옳지만은 않았다는 것을 스스로 시인하게 만드는 것이다.

만약 당신이 실내 장식가에게 집안의 커튼을 맞춘 적이 있다고 가정하자. 그 청구서를 받았을 때 당신은 엄청난 가격에 깜짝 놀라고 말았다. 며칠 뒤에 어떤 부인이 찾아와 커튼을 보고는 가격을 묻길래 소요된 비용을 이야기해 주었다. 그녀는 의기양양하게 소리쳤다.

"너무 비싸게 하셨네요. 바가지를 쓰셨어요!"

그녀의 말은 사실이었다. 하지만 당신도 역시 인간인지라 자신을 변호하려 애썼다. 인간이란 자신의 어리석음을 지적당하는 것을 달갑게 여기지 않는 법이기 때문이다. 물건을 싸게 산다는 것은 좋은 일이지만, 품질과 예술적 취향을 고려해 보면 결국 그만큼 값이 비쌀 수밖에 없다는 등 여러 가지의 변명을 늘어놓게 될 것이다.

다음날 또 다른 부인이 찾아왔다. 그녀는 커튼을 칭찬하면서 자신도 이렇게 우아하고 뛰어난 커튼을 갖고 싶다고 말했다. 그 말에 대한 당신의 반응은 어제와 딴판일 것이다.

"솔직히 말해서 값이 너무 비싸요. 바가지를 쓴 것 같아서 후회하던 중이에요."

이렇게 말하지 않겠는가. 자신의 잘못은 누구보다 자기 자신이 먼저 알 수 있다. 이때 상대방이 부드럽고 재치 있게 말한다면 그 잘못을 솔직히 인정하게 해서 오히려 자신의 솔직함과 대범함에 긍지를 느끼게 할 수도 있다. 상대방이 강제로 밀고 들어올 경우에 반발심만 생기게 되는 것이다.

남북전쟁 때, 전국에 이름이 알려진 편집장 호러스 그릴리라는 사나이가 링컨의 정책에 격렬하게 반대하며 나섰다. 그는 몇 년간 고심을 하며 조소와 비난조의 기사를 써서 링컨의 생각을 바꾸려고 했다. 링컨이 부스의 공격을 받고 쓰러진 날에도 그는 링컨에 대한 인신공격을 했다.

 그 결과 효과가 있었는가? 물론 조소와 비난으로 상대방의 생각을 바꿀 수는 없다.

 당신이 사람을 다루는 법과 자신의 인격을 향상시키는 방법을 알고 싶다면 벤저민 프랭클린의 자서전을 읽어보는 것이 좋다. 이 자서전에서 벤저민 프랭클린은 논쟁하기 좋아했던 자신의 나쁜 버릇을 어떻게 극복하고, 미국 역사상 가장 온화하게 외교적 수완을 발휘하는 사람으로 자신을 변화시켰는지 상세히 설명하고 있다.

 그가 혈기 왕성했던 청년 시절, 어느 날 퀘이커 교도인 한 노인이 가슴을 찌르는 듯한 설교로 그를 자극한 일이 있었다.

 "자네에게는 희망이 없네. 자네의 말 속에는 항상 모든 사람들에 대한 반발심이 가득 차 있네. 자네 의견은 너무나 도전적이어서 언제나 친구들과 싸울 듯이 언쟁을 벌이더군. 그러니 아무도 자네를 상대하려 하지 않고, 자네 친구들은 자네가 옆에 없는 편이 오히려 편하다고 생각하는 걸세.

자네는 스스로 유식한 것을 드러내고 있어서 친구들로 하여금 자네에게 별로 할 말이 없다고 생각하게 만든 거지. 자네하고 이야기를 하면 불쾌함을 느끼기 때문에 앞으로는 자네를 상대도 하지 않으려고 할 걸세. 그러니 자네의 의식은 지금보다 더 향상될 가망이 없는 걸세."

이 날카로운 충고를 받아들인 것은 프랭클린의 훌륭한 점이다. 그 노인의 충고를 스스로 인정하고 자신이 현재 파멸을 향해 나아가고 있다는 것을 자각했던 것 또한 그의 위대함이다. 그는 즉시 자신의 건방지고 완고한 태도를 바꾸기 시작했다.

그는 이 부분에 대해 이렇게 말하고 있다.

"나는 그 이후 상대방의 의견을 정면에서 반발하거나 내 의견을 단정적으로 주장하지 않았다. 나의 의견을 완고하게 표현하는 '확실히'나 '틀림없이' 등과 같은 단어는 사용하지 않도록 조심하고, 대신 '나는 이렇게 생각한다.' '그렇게 추측한다.' 또는 '현재 내 생각은 이렇다.' 등의 말을 사용했다. 어떤 사람이 내 생각과 다른 주장을 할 때도 무조건 반대하거나 즉각적으로 그의 의견의 불합리성을 들추어내는 데서 얻는 쾌감은 잊기로 했다.

서로 의견이 대립될 때에도 '항상 당신의 의견은 옳았지만, 이 문제는 다시 한 번 생각해 보아야 하지 않겠느냐?'는 식으로 문제를 제기했다. 이 방법이 결국 내게 이롭다는 것을 깨닫게 되었다.

이렇게 태도를 바꾸자 서로의 대화가 유쾌하게 진행될 수 있었다. 이런 겸손한 방법으로 내 의견을 내놓으면 기분 좋은 반응이 오면서 반대는 줄어들었다. 또한 내 자신의 과오를 발견해도 굴욕감을 덜 느끼게 되었고, 상대방이 틀렸을 경우에도 설득시키기가 쉬워졌다.

이 방법을 처음 사용할 때는 의식적으로 많은 노력을 기울여야 했다. 하지만 차차 몸에 익어 지금은 완전히 습관화되었다. 내가 새로운 제도나 개혁을 제안할 때 시민들의 절대적인 지지를 획득해서 영향력을 누리게 된 것도 이러한 방법 덕분이었다."

뉴욕에 살고 있는 F. T 마하니의 이야기이다. 석유 산업에 필요한 특수 장치를 판매하는 그는 어느 날, 롱아일랜드의 중요한 고객으로부터 주문을 받았다. 곧 고객의 주문대로 설계도를 작성해서 고객의 승인을 받은 뒤에 제작 과정에 들어갔다.

그런데 예기치 않은 일이 발생하고 말았다. 고객이 자기 친구에게 설계도를 보여줬더니 설계도가 잘못되었다며 트집을 잡았던 것이다. 성질이 급한 그 고객은 마하니에게 전화를 걸어 이미 제작에 착수한 장비를 절대 인수하지 않겠노라고 통보했다. 마하니는 그때 상황을 다음과 같이 말했다.

나는 설계도를 반복해서 신중하게 검토해 보면서 제품에 대한 확신을 갖게 되었다. 주문한 고객과 그의 친구가 말하는 문제점이 발견되지 않았던 것이다. 그래서 그를 이해시키기 위해 롱아일랜드에 있는 그의 사무실을 직접 방문했다.

  내가 그의 사무실에 들어서자마자 그는 잔뜩 흥분한 모습으로 벌떡 일어나 주먹을 휘두르며 큰 목소리로, 설계도에 하자가 생겼기 때문에 그 장비를 절대로 인수하지 않겠다는 뜻을 반복했다. 나는 잠시 마음을 진정시킨 후, 지극히 부드러운 목소리로 말했다.

  "저희들은 당연히 사장님이 원하시는 장비를 만들어드리는 것이 도리라고 생각합니다. 그러니 사장님께서 완벽하다고 생각하시는 새로운 설계도를 저에게 주십시오. 지금까지 이 일에 투자된 2천 달러의 비용은 저희가 책임을 지겠습니다. 우리 회사의 기술진들은 지금의 설계도가 조금도 잘못되지 않았다는 것을 확신하고 있습니다. 만약 저희가 설계한 대로 계속 제작하기를 허락해 주신다면 어떤 문제가 발생할지라도 저희가 책임을 지겠습니다."

  나의 제안이 끝날 때쯤 그도 흥분이 가라앉은 듯 골똘히 생각하더니 고개를 끄덕였다.

  "좋소, 당신의 생각이 그렇다면 당신 뜻대로 해보시오. 하지만 만약 문제가 발생할 때는 거기에 대한 책임도 져야 한다는 것을 잊지 마시오."

결국 그 장비는 제 기능을 충분히 발휘했고, 만족한 그 사장은 똑같은 장비를 두 대나 더 주문했다. 결말은 좋게 끝났지만 사실 그 과정에서 내가 받은 모욕은 매우 심한 것이었다. 사장은 화가 나서 주먹을 내 얼굴 가까이 대고 모욕적인 언사를 퍼부었다. 그때 나는 그와 다투지 않기 위해 최대한의 자제력을 발휘해야 했다.

그때 내가 상대방의 잘못을 지적하며 논쟁을 벌였다면 결과는 어떻게 되었겠는가? 귀중한 고객을 잃는 것은 물론이고 서로의 감정은 더욱 악화되었을 것이며, 결국은 막대한 경제적 손실까지 입었을 것이다. 나는 이 일을 겪은 후 깨달은 점이 있다. 상대방의 잘못을 지적하는 것은 결코 내게 이로운 결과를 가져오지 않는다는 점이다.

또 하나의 예를 들어보자.

크롤리는 뉴욕의 가드너 테일러 목재회사의 세일즈맨이다. 그는 오랜 동안 한 거래처의 목재 검사원과 논쟁을 벌이는 바람에 사이가 좋지 않았다. 목재 검사원은 야구 심판처럼 한 번 목재에 판정을 내리면 절대 그 판정을 번복하지 않는 고집불통이었기 때문에 목재를 납품하는 과정에서 언제나 말썽이 발생했다.

그때마다 그는 판정에 문제가 있다며 이의를 제기했고, 논쟁을 할 때마다 논리상으로는 번번이 상대에게 이겼다. 그러나 실제 이익은 아무것도 없었다. 오히려 회사에 몇 천 달러의 손해를 입히는 형국이 되었다. 여기서 여러 사람의 조언을 들은 그는 앞으로는 논쟁을 피하겠노라고 결심했다. 그 결과 그에게 어떤 일이 생겼는지 그의 체험을 들어보겠다.

어느 날 아침, 사무실의 전화벨이 울렸다. 전에 납품했던 목재의 품질이 나빠 인수할 수 없다는 항의 전화였다. 검사원의 검사 결과, 목재의 4분의 1쯤을 풀어놓고 보니 절반 이상이 불합격품이므로 즉시 인수해 가라는 내용이었다.

나는 즉시 거래처로 가면서 내가 취할 수 있는 최선의 방법을 생각해 보았다. 다른 때 같았으면 목재 검사원으로 있었을 때의 경험과 지식을 총동원해서 우선 규격 판정 기준을 그 검사원에게 인식시켰을 것이다. 그리고 그의 판정 기준이 잘못되었다는 것을 설득시키기 위해 노력했을 것이다. 그러나 이번에는 새롭게 습득한 원칙을 적용해 보기로 결심했다.

나는 거래처에 도착하자마자 트럭에 실린 목재를 모두 내려달라고 부탁하고, 그 검사원에게 불합격품을 따로 구분해 줄 것을 요청했다. 검사원이 작업하는 광경을 살펴보니 선별 방법이 지나치게 엄격해서 판정 기준에 어긋나는 것이 발견되었다. 문제의 목재는 백송이었다. 그의 지식은 단단한 목재에 한정된 것이어서 백송의 검사 기준으로는 합당하지 못했다.

사실 백송 목재는 나의 전문이었으므로, 그의 판정 방법을 간섭하기만 하면 곧 그를 곤경에 빠뜨릴 수 있는 유리한 조건이었다. 하지만 나는 절대로 그래서는 안 된다고 속으로 다짐하며 구태여 간섭하지 않았다.

상대가 하는 대로 맡겨놓은 다음, 친절하게 그에게 다가가서 불합격된 목재의 어떤 점이 불만스러운지를 조심스럽게 물어보았다. 결코 상대의 잘못을 지적하고자 하는 태도는 보이지 않고, 다음에는 어떤 목재를 발송해야 만족스러운지 궁금해서 묻는 것임을 설명했다.

내가 온화한 태도로 그와 대화하는 동안 그의 마음은 점차 풀리기 시작했다. 그의 의견에 동의하기도 하고 협조적인 태도를 보이자, 우리 사이에 놓여 있던 얼음이 녹기 시작했던 것이다. 비로소 나는 그에게 불합격품 중에 어쩌면 합격품이 끼어 있을지도 모른다는 생각을 갖도록 그를 조심스럽게 유도했다.

점차 그의 태도가 달라지더니 자신이 백송에 대해서는 경험이 부족하다는 것을 내게 털어놓았다. 목재를 선별하는 동안 궁금한 점을 내게 물어보기도 했다. 그의 질문을 받을 때마다 나는 이 목재가 규정 규격에 합격한 이유를 설명해 주었다. 하지만 그들의 용도에 불필요하다면 불합격품으로 분류해 놓아도 괜찮다고 말했다. 마침내 그는 자신의 실수를 인정했고 목재를 다시 검사한 후 전량을 인수하기로 했다.

이렇게 상대방의 잘못을 비난하지 않으려는 결심 하나만으로 그는 큰 수익을 올렸고, 더욱이 그보다 더 큰 서로의 신뢰까지 얻어냈던 것이다.

상대방의 잘못을 지적하는 것은 결코 이롭지 못하다

사람들은 별다른 저항을 느끼지 않고 자신의 생각을 바꾸는 경우가 있다. 그런데 누군가에게 잘못을 지적당하면 화를 내며 고집을 부린다. 다른 사람이 자신의 신념을 변화시키려고 하면 사람들은 무조건 거기에 반대하며 자신의 신념을 고수하려고 한다. 궁극적으로 사람들이 중요시하는 것은 신념 그 자체가 아니라 위기에 빠진 자신의 자존심인 것이다. 상대방을 가르치려는 기색을 나타내지 않으면서 가르치고, 상대방이 모르는 것이라면 당신도 아는 내색을 하지 마라. 상대방보다 현명해지도록 노력하되, 자기의 현명함을 상대방이 눈치 채게 해서는 안 된다.

우정의 힘은 강하다

우정은 친구에게 강력한 힘이 되어준다. 슬플 때 슬픔을 받아주고, 기쁠 때 기쁨을 배가시켜주며, 고통을 함께함으로써 아픔을 견디게 하고, 잘못이 있을 때는 바로 잡아주는 것이 친구이다.

'친구란 무엇인가? 그것은 두 개의 몸에 있는 하나의 영혼이다.' 이 말은 그리스의 철학자 아리스토텔레스의 말이다.

신약성서의 요한 묵시록과 구약성서의 전도서에도 '진실한 친구는 약과 같다.'고 했다. 그러나 친구는 좋은 약 이상의 존재이다. 약이란 병든 사람을 낫게 하기 위해서 필요하지만 친구는 병약한 사람이든 건강한 사람이든 모두에게 도움이 되는 존재이기 때문이다.

조지 워싱턴은 이렇게 말했다.

"누구에게나 친절하게 대하라. 그리고 신뢰할 수 있는 사람과는 아주 밀접하게 교제하라. 하지만 어떤 사람을 신뢰하기 위해서는 오랜 시간이 걸린다. 진정한 우정은 아주 천천히 자라는 식물이기 때문이다. 그 식물은 우정이라는 이름에 걸맞게 자랄 때까지 온갖 역경과 시련을 겪지 않으면 안 된다."

우정은 친구에게 강력한 힘이 되어준다. 슬플 때 슬픔을 받아주고, 기쁠 때 기쁨을 배가시켜주며, 고통을 함께함으로써 아픔을 견디게 하고, 잘못이 있을 때는 바로잡아주는 것이 친구이다.

하지만 친구보다는 자신을 먼저 생각하고, 자신이 저지른 잘못에 대해 조금도 반성하지 못한다면 우정은 금이 가고 상처만 남게 된다. 우정은 받는 것이 아니라 주는 것이다. 물질적인 것이 아니라 이해와 정성과 사랑이라는 형태로 주는 것이고 신뢰로써 이루어지는 것이다.

매주 금요일 저녁에 모임을 가지는 4명의 부인이 있었다. 그들은 몇 년 동안이나 집을 차례로 돌아가면서 이 모임을 계속해 오고 있었다. 그들은 자신들만의 공간 속에서도 결코 담배를 피우거나 술을 마시지 않았고, 남편을 험담하거나 수다를 떨지도 않았다. 잘난 체하느라 정치나 경제, 사회 문제 등에 말을 주고받지도 않았다. 대신 오로지 한 가지 일에만 몰두했다.

그것은 카드 게임이었다. 물론 돈이 오고가는 게임이다. 그러나 돈에 눈독을 들이는 사람은 결코 없었다. 모두가 느긋한 표정으로 카드 게임을 즐기는 것이다. 때로는 무리한 배팅을 하기도 하지만 계속해서 따는 사람도 없었고, 계속 잃기만 하는 사람도 없었다. 허리엣이 관절염을 앓게 된 후부터는 그녀의 집에서 모임을 갖게 되었다. 그녀는 특별히 제작된 의자가 필요했던 것이다. 이제 그들은 말이 없어도 서로를 읽을 줄 알게 되었다. 몇 년 동안 함께 게임을 즐기면서 얻은 지혜였다. 좋은 패를 잡았을 때 그들은 각자 다른 표정이나 행동으로 그것을 표현했고, 나쁜 패는 나쁜 패대로 표현하는 방식들이 있었다. 예를 들면, 좋은 패를 잡았을 때는 미소를 짓는다든지, 주먹 쥔 손으로 입을 막으며 헛기침을 하든지 등등의 표현 방법을 썼던 것이다.

이러한 행동은 상대방을 속이려는 행동이 아니었다. 오랫동안 지속된 그들의 버릇은 서로를 신뢰하도록 만들었고, 우정이라는 탑을 쌓을 수 있게 했다. 그들은 게임에 열중하면서도 나름대로 즐기는 법을 터득했고, 게임이 끝날 때쯤이면 모두 비슷한 수량의 돈을 앞에 두게 된다. 많이 잃은 사람도 없고 많이 딴 사람도 없게 된다는 것이다.

그러나 일반적인 사람들은 그렇지 못하다. 대부분의 사람들은 감정을 드러내지 않으며 살아간다. 그것이 자신을 감추는 행동이라고 할 수도 있지만 상대방을 무시하는 행동이기도 하다는 것을 이해하는 사람 또한 드물다.

당신이 우정을 지키려고 한다면 친구에게 시치미를 뗀다거나 감정을 숨기기 위해 무표정한 얼굴을 해서도 안 된다. 친구를 대할 때의 얼굴이 진정한 표정이라면 당신은 결코 우정을 잃어버리는 일은 없을 것이다.

당신이 얼굴을 아는 사람이 잘못을 범했다고 해서 손가락질을 해서는 안 된다. 그 순간 이후부터 그와는 친구가 될 수 없을 것이기 때문이다. 누구나 실수를 할 수 있다는 넓은 이해만이 진정한 우정의 씨앗을 뿌리게 된다. 그리고 천천히 조금씩 싹이 튼 우정은 사랑과 관심과 정성을 먹으면서 자라게 된다. 우리는 상대방의 잘못을 용서함으로써 우정을 얻을 수 있다. 괴로움을 겪는 그 사람에게 피난처를 내줌과 동시에 새로운 길을 열어줄 수 있기 때문이다.

그런데 문제는 우리가 잘못을 저질렀을 때 느끼는 부끄러움과 후회만큼이나 잘못을 저지른 상대방을 용서하는 데 인색하다는 것이다. 하지만 상대방이 잘못했다고 해서 미워하고 피하게 된다면 인생이 얼마나 피곤하게 되겠는가? 또한 미움과 증오를 계속해서 품게 된다면 자신의 마음을 그만큼 갉아먹게 되고, 결국은 자신마저 해치게 되는 것이다.

때문에 용서하는 마음은 생존을 위한 노력만큼이나 중요한 것이다. 사람이란 누구나 실수를 할 수 있고, 다른 사람과의 관계 속에서 살아갈 수밖에 없다는 것을 기억하라. 그러면 내적 아름다움이 충만한 당신의 성숙한 모습을 발견하게 될 것이다.

　세상에는 우정이라는 이름으로 생각지도 못한 일들이 수없이 발생한다. 성실하지 못한 친구나 책임감이 없는 친구들이 있기 때문이다. 그들 때문에 발생하는 다양한 문제나 사건들을 우정이라는 이름으로 해결할 수 있을까? 천만의 말씀이다. 그런 것들은 우정을 빙자한 폭력이며 횡포일 뿐이다.

　사람들은 우정을 가장한 그러한 횡포 가운데서 '금전적인 손해'에 가장 민감하게 반응한다. 아무리 친한 친구라도 돈을 빌려가서 갚지 않으면 두 번 다시 보지 않을 거라며 우정을 끝장내고 마는 것이다. 그래서 가까울수록 금전 거래는 하지 말라는 말이 나온 것이다.

　그렇다면 당신은 우정을 파괴한 주범이 돈이라고 생각하는가? 물론 그렇지 않다고 대답할 것이다. 제일 중요하게 생각하는 신용과 신의를 저버렸다는 게 원인이며, 거기에다 배신감마저 느끼게 되었다고 변명할 것이다.

　그러나 다시 한 번 생각해 보자. 만일 친구가 돈을 빌려달라고 하면 망설이게 되는데, 시간을 내달라고 하면 거의 망설이지 않는다. 아무리 바빠도 친구가 찾아오면 별 거부 반응 없이 시간을 허비하기 위해 밖으로 나간다.

과연 이게 옳은 일일까? 한 번 지나간 시간은 영원히 돌아오지 않는다. 당신의 시간이라고 해서 자동차처럼 되돌릴 수는 없다. 그렇다면 차라리 돈을 빌려주는 게 당신을 위해서 훨씬 낫지 않겠는가.

어쩌면 '친구를 위해서 그 정도의 시간도 내주지 않는다면 그게 친구냐?'고 항의할 사람이 있을지도 모르겠다. 그러나 그런 사고방식으로 친구의 시간을 함부로 빼앗는 사람을 진정한 친구라고 할 수 없다. 진짜 친구라면, 친구의 시간이 얼마나 소중한지 정도는 마땅히 알고 행동해야 하지 않을까?

당신 또한 마찬가지다. 당신의 시간이 귀중한 만큼 친구의 시간 또한 귀중한 것이다.

우정은 우리가 살아가는 데 없어서는 안 될 너무나도 소중한 것이다. 어떠한 형태의 삶도 우정이 없다면 끝없는 사막을 헤매는 것처럼 무의미해지고 만다. 그것은 삶을 포기하는 거나 마찬가지가 아닌가.

우정은 친구를 아무런 조건 없이 기쁘게 해주는 것이다. 무언가를 바라지 않고 나누어준다는 감정이 우정인 것이다. 그런데 내가 다른 사람의 좋은 친구가 되기 위해서는 내 자신에게 좋은 친구가 되어야 한다.

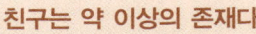
친구는 약 이상의 존재다

누구에게나 친절하게 대하라. 그리고 신뢰할 수 있는 사람과는 아주 밀접하게 교제하라. 하지만 어떤 사람을 신뢰하기 위해서는 오랜 시간이 걸린다. 진정한 우정은 아주 천천히 자라는 식물이기 때문이다. 그 식물은 우정이라는 이름에 걸맞게 자랄 때까지 온갖 역경과 시련을 겪지 않으면 안 된다.

진정한 우정은 친구에게 강력한 힘이 되어준다. 슬플 때 슬픔을 받아주고, 기쁠 때 기쁨을 배가시켜주며, 고통을 함께함으로써 아픔을 견디게 하고, 잘못이 있을 때는 바로잡아주는 것이 친구이다. 친구는 좋은 약 이상의 존재이다. 약이란 병든 사람을 낫게 하기 위해서 필요하지만 친구는 병약한 사람이든 건강한 사람이든 모두에게 도움이 되는 존재이기 때문이다.

세상 어디에도
완전한 사람은 없다

나의 몰락은 그 누구의 탓도 아니다. 내 자신이 바로 그 원인이다. 나는 내 자신의 최대의 적이었으며 내 자신의 운명을 몰락으로 이끈 원인이었던 것이다.

"나는 어리석었다. 나는 참으로 많은 잘못을 저질렀다."

3천 년 전에 사울 왕이 자신을 돌아보며 탄식한 말이다. 이 말은 현대의 누구에게나 해당된다. 틈나는 대로 자신이 저질렀던 잘못이나 어리석은 행동을 기록했다가 되돌아봄으로써 똑같은 실수를 두 번 다시 범하지 않으려는 노력은 우리가 직면하게 될 많은 문제들을 처리하는 데 도움이 될 것이다.

자기 자신을 철저하게 관리하고 평가하는 데 있어 독보적인 존재가 있다. 하웰이라는 사람인데, 1944년 뉴욕의 앰버서더 호텔에서 급사했다는 뉴스가 보도되자 월 가는 경악을 금치 못했다.

그럴 만한 이유가 있었다. 그는 미국의 재계를 움직이는 지도자 중의 한 사람이었던 것이다. 그는 커머셜 내셔널 뱅크와 트러스트 컴퍼니의 대표이사를 비롯하여 몇 개의 커다란 회사의 회장으로 일선 경영에 참여하고 있었다.

그토록 세인의 관심을 끌던 하웰이었지만, 초등학교 졸업이 그의 학력의 전부라는 사실을 아는 사람은 얼마 되지 않는다. 초등학교를 졸업한 그는 조그만 상점의 점원으로 일하기 시작했지만, 타고난 성실성으로 유에스 스틸 도매상의 지배인으로 발탁되었고, 그것을 계기로 차츰 자신을 키워나갔다. 그는 성공에 대한 비결을 묻자 다음과 같은 말을 했다.

"나는 저녁마다 그 다음날 해야 할 일들의 목록표를 작성합니다. 그리고 주말에는 저녁을 먹은 뒤 1주일 동안 내가 처리했던 일들을 정리하고 평가해 봅니다. 그런 다음에 스스로 이렇게 물어보는 것입니다.

'나는 그때 어떤 잘못을 저질렀는가?'

'나의 결정이 옳았는가?'

'내가 한 일을 새롭게 개량시킬 수는 없을까?'

'그 경험에서 어떤 교훈을 배울 수 있겠는가?'

이렇게 1주일 동안의 일들을 검토하다보면 어처구니없는 실수에 대해서는 어이가 없어지기도 합니다. 하지만 해를 거듭함에 따라 이런 실수도 눈에 띌 정도로 줄어들게 되었습니다. 이러한 자기 분석이 내가 이제까지 시도한 많은 방법 가운데 가장 많은 도움을 준 것입니다."

많은 사람들이 자신의 잘못을 다른 사람에게 돌린다. 결국 자신의 불행은 자신의 책임을 다하지 않았다는 데서 오는 것임을 깨달아야 한다.

"나의 몰락은 그 누구의 탓도 아니다. 내 자신이 바로 그 원인이다. 나는 내 자신의 최대의 적이었으며 내 자신의 운명을 몰락으로 이끈 원인이었던 것이다."

나폴레옹은 세인트헬레나 섬에 갇혀서 이렇게 넋두리했다.

만약 어떤 사람이 당신에게 바보 머저리 같은 놈이라고 욕한다면 당신은 분명히 화를 낼 것이다. 그런데 링컨의 대응 방법은 많은 호감을 준다.

링컨이 대통령일 당시, 육군 장관인 에드워드 스탠튼이 링컨에게 '바보 같은 놈'이라고 매도한 적이 있었다. 링컨이 자신의 소관을 간섭하자 화가 났던 것이다. 그 전후 사정을 얘기하자면, 한 이기적인 정치가의 부탁으로 링컨이 몇 개의 연대 병력을 이동시키는 명령서에 서명을 했다. 그러자 스탠튼은 링컨의 명령을 거부했을 뿐만 아니라, '바보 같은 놈'이라며 분통을 터뜨렸다는 것이다.

그 말은 곧 링컨에게 전해졌고, 이 말을 들은 링컨은 평온한 태도로 다음과 같이 말했다.

"그가 나를 바보라고 했다면 분명히 나는 바보일 것입니다. 왜냐하면 스탠튼은 거짓말을 하는 사람이 아니기 때문입니다. 그렇다면 내가 직접 가서 얼마나 바보 같은 짓을 했는지 확인해 봐야겠습니다."

그리고 링컨은 곧바로 스탠튼을 찾아갔다. 그의 설명을 끝까지 들은 링컨은 자신이 잘못했다는 것을 깨닫고, 그 명령을 그 자리에서 취소했다. 이처럼 혹독한 비난을 받았지만 링컨은 냉철하게 자신을 돌아보았고, 잘못된 점을 고치려 노력했던 것이다.

루즈벨트도 '우리들이 내린 네 번의 결정 중 세 번 이상은 잘못된 것이다.'라고 하지 않았던가. 아인슈타인도 '자신이 내린 결정의 99%가 잘못되었다.'고 고백한 적이 있다.

그러므로 우리는 다른 사람의 비판을 기꺼이 받아들여야 한다. 그러나 대부분의 사람들은 비판을 받기 시작하면 그 사람을 원망하면서 방어태세를 갖추게 된다.

사람은 어떠한 형태의 비난이나 칭찬이 합당하든 그렇지 않든 간에 칭찬에는 기뻐하고 비난에는 분개하는 경향이 많다. 논리적이기보다는 감정적인 동물인 까닭이다. 따지고 보면 논리라는 것은 깊이를 알 수 없고 드넓은 바다의 조각배에 지나지 않는 것이다.

이제 우리는 누군가가 욕을 하고 비난한다고 해도 자신을 변호하기 위해 어설픈 변명을 하지 않아야 한다. 그런 짓은 어리석은 사람들이나 하는 짓이다. 보다 겸허한 자세로 자신의 잘못을 냉철하게 파악하고 잘못이 있으면 용감하게 바로잡아야 한다.

만약 당신이 부당한 비판을 받아 분노가 폭발하더라도 일단 자제하고 마음속으로 이렇게 외쳐보라,

"아인슈타인의 결정도 99%가 잘못된 경우가 있었다. 누구나 완벽한 인간은 될 수 없다. 그렇다면 오히려 그 비판을 고맙게 받아들여야 하지 않을까. 나는 분노하기보다는 이 비판에서 무언가를 배우려고 노력할 것이다."

포드 자동차 회사에서는 전 직원들에게 회사를 비판하는 투서를 권하고 있다. 그것은 회사의 관리나 생산되는 차에 어떤 결함이 있는가를 알아내기 위해서이다.

팹서던트 컴퍼니의 사장인 찰스 로만은 봅 호프의 방송 출연에 연간 백만 달러의 돈을 지불하고 있다. 따라서 그는 끊임없이 봅 호프의 상품 가치를 평가해야만 했다. 그런데 그가 연기에 대해 평가하는 방법은 남들과 다르다. 그는 언제나 연기자를 칭찬하는 팬들의 엽서는 보지 않았다. 그가 읽는 편지는 호프의 연기를 비판하는 내용을 담은 것들이었다. 호프를 냉철하게 평가하기 위한 것이다.

자신을 냉철하게 비판해 달라는 부탁을 하며 다닌 사람이 있었다. 리틀이라는 사람인데, 그는 콜 게이트 비누 회사의 세일즈맨이었다. 판매 실적이 신통치 않자 직업을 잃게 될지도 모른다는 걱정을 하게 된 그는 자신에게 문제가 있다고 생각하기에 이르렀다. 자신이 팔고 있는 비누는 품질에서나 가격에서 아무런 문제를 찾을 수 없었던 것이다.

자신의 태도에 어떤 문제가 있는가를 고민하던 그는 도매점이나 소매점을 다시 찾으며 공손한 태도로 물었다.

"비누를 팔기 위해서 다시 찾아온 것이 아닙니다. 제가 아까 비누를 팔려고 했을 때 어떤 실수를 했고, 어떤 태도가 잘못되었는지 말씀해 주십시오. 선생님께서는 경험이 풍부하시고 지혜로우신 분이니 저의 잘못을 잘 알고 계실 것으로 믿습니다. 제발 저를 위해서 가차 없는 비판을 해주십시오."

이처럼 마음을 열고 비판을 받아들이려는 그의 태도는 자신에 대한 많은 충고를 얻을 수 있게 했고 많은 친구를 사귀게 해주었다. 그렇게 자신의 결점을 고치려 노력한 결과 그는 콜 게이트 회사의 사장이 될 수 있었다.

어리석은 사람은 하찮은 비판에 대해서도 쉽게 흥분하고 화를 내지만, 현명한 사람은 자신을 비난하고 공격하는 사람에게서도 무언가를 배우려고 한다.

월트 휘트먼은 그것을 다음과 같이 설명한다.

"당신에게 가르침이나 충고를 주는 사람은 당신에게 상냥하고 부드럽게 대하며 칭찬을 해주는 그런 사람이 아니다. 당신의 주장에 반대하며 비난하고 배척하는 그런 사람이 가르침을 주는 사람이다. 왜냐하면 그런 사람이 자기 주위에 있게 됨으로써 다시 한 번의 자신의 주장이 옳은지 되돌아보게 되는 것이다.

당신은 당신 자신에 대한 혹독한 비평가가 되어야 한다. 당신에게 가해지는 외부의 비판을 기다리지 말고 당신 스스로 당신의 약점을 발견하고 보완해야 한다."

이러한 휘트먼의 주장처럼 자기 자신에 대해 혹독한 비평을 한 사람이 있다. 그것도 무려 15년간이나 그런 노력을 하면서 자신의 약점을 보완한 것이다.

그는 바로 영국의 생물학자인 다윈이다. 다윈은 생물의 진화론을 확립시킨 《종의 기원》을 탈고했지만, 그의 혁명적 개념이 사상계와 종교계에 커다란 파문을 일으키리라는 것을 잘 알고 있었다. 그 때문에 그는 자기 자신의 비판가가 되어 15년간이나 자신의 논문에 대해 철저한 재조사와 재검토를 했고, 확고한 사상을 확립할 수 있었다.

비판을 자기 이익으로 만드는 방법

우리가 저지른 어리석은 짓을 기록해 두고 자기 자신을 비판해 보자. 완전한 인간은 없다. 우리의 생활에 리틀의 방법을 도입해 보자. 우리 스스로가 편견을 가지지 말고 자신에게 이익이 되는 건설적인 비판을 스스럼없이 받아들이도록 노력하자.

비판으로 인해 생기는 고민을 해결하는 방법

1. 그 누구도 죽은 개를 걷어차는 사람은 없다. 자신에 대한 부당한 비판은 다른 사람에게 선망이나 질투의 대상이 되기 때문에 듣게 되는 왜곡된 칭찬이라고 받아들여라.
2. 최선을 다하라. 자신이 옳다고 믿는 것이라면 다른 사람의 비판을 두려워할 필요가 없다. 어떤 일을 하더라도 비판은 반드시 따르기 마련이라고 생각하라.
3. 자기가 저지른 어리석은 실수를 기록해 두고 스스로를 비판해 보자. 완전한 인간은 어디에도 없다. 우리 스스로가 편견을 지니지 말고 자신에게 이익이 되는 건설적 비판을 스스럼없이 받아들이는 것만이 중요하다는 사실을 기억하라.

어떤 일을 하더라도 비판은 따르기 마련이다

자신이 저질렀던 잘못이나 어리석은 행동을 기록했다가 되돌아봄으로써 똑같은 실수를 두 번 다시 범하지 않으려는 노력은 우리가 직면하게 될 많은 문제들을 처리하는 데 도움이 될 것이다.

저녁마다 그 다음날 해야 할 일들의 목록표를 작성하라. 그리고 주말에는 저녁을 먹은 뒤 1주일 동안 내가 처리했던 일들을 정리하고 평가해 보라. 그런 다음에 스스로 이렇게 물어보는 것이다.

'나는 그때 어떤 잘못을 저질렀는가?'
'나의 결정이 옳았는가?'
'내가 한 일을 새롭게 개량시킬 수는 없을까?'
'그 경험에서 어떤 교훈을 배울 수 있었는가?'

좋은 친구는
충고를 아끼지 않는다

당신의 아픈 곳을 빨리 지적해 주는 사람이 곁에 있다는 것은 큰 행운이 아닐 수 없다. 그 사람들을 고맙게 생각하라.

누구에게나 자신도 모르는 단점이 있을 수 있다. '등잔 밑이 어둡다.' 는 말처럼 자신에 대해서는 오히려 시야가 좁아질 수도 있으므로, 항상 인간관계를 원만하게 유지하고 즐겁게 살기 위해서는 먼저 당신 자신이 누구인가를 잘 파악할 필요가 있다.

사람에게는 세 가지 형의 '자기'가 있다고 할 수 있는데, 자신만이 알고 있는 자기, 다른 사람도 자신과 동일하게 보는 자기, 자신은 모르고 다른 사람이 자신을 보는 자기 등이다. 자화상과 자신이 인지하는 자기는 좋고 나쁨의 가치 평가에 많은 차이가 있다. 자기가 자기를 볼 때는 좋은 점을 더 많이 보게 되며, 남을 볼 때는 흔히 나쁜 면을 보는 경향이 있다.

당신은 어떠한가? 당신의 생각에는 좋은 면이라고 여겨지는 것이 다른 사람이 볼 때는 나쁜 면이 될 수도 있는 것을 가지고 있지는 않는가? 당신은 당신 스스로도 깨닫지 못하는 나쁜 면을 가지고 있을지도 모른다. 당신뿐만 아니라 거의 모든 사람들이 자기가 알지 못하는 나쁜 면을 가지고 있다. 이것을 발견하고 깨닫게 될 때 인간은 성숙해지는 것이다.

그러므로 당신은 당신이 깨닫지 못하는 나쁜 면을 지적해 주는 사람, 혹은 책망해 주는 사람을 고맙게 생각하라. 당신의 주위에 당신의 나쁜 면을 지적하고 책망해 주는 사람이 없다면, 그것은 당신이 그만큼 고독한 사람이라는 것을 뜻한다.

일반적으로 볼 때, 인간은 대부분 자기가 싫어하는 사람이나 자기의 경쟁자가 잘못되는 것을 보면 위안을 얻기도 한다. 그렇지 않으면 아예 무관심으로 일관해 버린다. 당신이 뭔가 잘못된 일을 하고 있는데도 잠자코 있다는 것은 애정이 없다는 증거이다. 그러므로 만약 다른 사람이 당신을 책망해 준다면, 그것은 그가 당신에게 관심을 가지고 있기 때문이라고 생각하라. 그만큼 관심을 갖는다는 것은 애정이 있기 때문이다.

직장에서 상사와 부하 직원과의 관계를 살펴보면 그것을 잘 알 수 있다. 상사는, '이 사람은 무슨 말을 해도 소용없다.'고 상대방을 멸시하는 마음이 들었을 땐 더 이상 그의 잘못을 나무라지 않는다. 책망하는 사람이 없어지면 그 사람의 인생은 끝난 것이나 다름없다. 책망하는 사람, 애정을 가지고 지켜보는 사람을 갖는다는 것은 그만큼 당신의 성장에 도움이 되는 것이다.

'사람은 사람 속에서, 나무는 나무 속에서!' 란 말이 있듯이, 우리 모두는 사람 속에서 성장한다. 당신의 아픈 곳을 빨리 지적해 주는 사람이 당신 곁에 있다는 것은 큰 행운이 아닐 수 없다. 당신은 책망의 거름으로부터 자양분을 공급받으며 보다 빠른 성장을 이룩할 수 있게 되는 것이다.

책망하는 사람을 고맙게 생각하라

책망하는 사람이 없어지면 그 사람의 인생은 끝이나 다름없다. 책망하는 사람, 애정을 가지고 지켜보는 사람을 갖는다는 것은 그만큼 당신의 성장에 도움이 되는 것이다.

당신의 아픈 곳을 빨리 지적해 주는 사람이 곁에 있다는 것은 큰 행운이 아닐 수 없다. 그 사람들을 고맙게 생각하라. 당신은 책망의 거름으로부터 자양분을 공급받으며, 보다 빠른 성장을 이룩할 수 있게 되는 것이다.

얼굴은 인격의 거울이다

자신의 하루를 아름다운 마음으로 보내는 시간이 많으면 많을수록, 자기 얼굴에 아름다움을 새기는 시간 또한 많은 것이다.

얼굴은 그 사람의 마음이 그대로 표현되는 인격의 거울과도 같은 것이다. 그러므로 어떤 사람의 얼굴을 보면 그 사람의 마음까지 알 수 있다고 한다. 가령, 다른 사람과 대화를 하면서 기분이 좋으면 금방 웃고 그렇지 못할 때는 곧 쓸데없이 시간 낭비를 하고 있다는 듯 짜증스러운 표정을 짓게 된다. 이것은 곧 그 심리적인 상태가 얼굴에 나타난다는 증거이다.

하루의 대부분을 좋은 기분으로 보내는 사람은, 그 얼굴 표정 또한 무척 밝다. 즉 얼굴의 눈, 코, 입을 어떻게 움직여서 상대방에게 어떤 느낌을 줄 것인가는 그 사람의 마음이 결정하고 조종하는 것이다. 얼굴에 나타나는 모든 표정은 바로 자신의 마음이 시키는 대로 표현되는 것이라는 뜻이다.

인간의 아름다움은 여러 가지가 있다. 생명력으로 빛나는 신체적인 아름다움과 사랑이 가득한 마음의 아름다움, 그리고 지성과 통찰력으로 대표되는 정신적인 아름다움이 있다. 보통 한 사람이 이러한 아름다움을 모두 가지기는 힘들지만, 어느 한 가지만으로도 인간은 충분히 아름다운 존재이다.

이 모든 아름다움은 가장 먼저 사람의 얼굴을 통해서 외부에 표현된다. 그러므로 사람의 얼굴은 신체적인 아름다움과 더불어, 자신의 인간성을 보여주는 간판과도 같은 것이다. 표정의 변화에 따라서 하나의 얼굴이 아름답게 보이기도 하고, 더없이 추하게 느껴지기도 한다. 이는 사람의 얼굴이나 육신은 인공으로 빚어낸 조각상과 달리 갖가지 표정과 느낌을 가지고 있기 때문이다.

또한 얼굴과 육신은 그 표현력에 있어서 불가분의 관계로 연결되어 있다. 얼굴이 웃으면 나머지 육신도 따라서 웃는다. 그러나 얼굴이 슬퍼하면 육신도 함께 슬픈 표정을 짓게 되는 것이다.

흔히 사람의 외적인 아름다움을 꾸미는 일을 미용이라고 한다. 그런 선입견 때문인지, 사람들은 보통 얼굴을 비롯한 신체를 여러 가지 방법으로 보기 좋게 손질하는 것만으로 생각하는 경우가 많다. 하지만 의식 있는 미용사들은, '사람의 외적인 아름다움, 특히 얼굴의 아름다움은 마음에 있다.'고 말한다. 그래서 제아무리 이목구비가 번듯하고 신체적인 조건이 뛰어난 사람이라도 어쩐지 느낌이 좋지 않은 사람이 있고, 반면 그다지 보기 좋은 외모는 아니지만 아름답게 느껴지는 사람도 있다는 것이다. 사람의 얼굴은 생동하는 것이다. 자기가 마음먹기에 따라서 얼마든지 다른 느낌으로 남을 대할 수 있다. 일류 미용실에서 훌륭한 미용 전문가의 솜씨를 경험하는 것만으로 아름다워지는 것이 아니다. 진정한 아름다움이란 외적인 것보다는 그 내면의 충실함이 더 중요한 의미를 지닌다.

따라서 자신의 하루를 아름다운 마음으로 보내는 시간이 많으면 많을수록, 자기 얼굴에 아름다움을 새기는 시간 또한 많은 것이라고 할 수 있다. 이때 비로소 사람의 안팎이 아름다워지는 것이다.

이와는 반대로 자신의 일상에 만족하지 못하거나 주변 사람들에 대한 불만으로 가득한 사람은, 그만큼 많은 시간을 자신의 얼굴을 추하게 만드는 일에 할애하는 것이나 마찬가지이다. 이러면 무척 잘생긴 얼굴임에도 불구하고 상대방에게 좋지 않은 느낌을 주게 되는 것이다.

밝은 마음으로 생활하면 얼굴도 밝아지고, 어둡고 부정적인 마음으로 살아가면 얼굴도 어둡고 부정적인 이미지를 준다. 이처럼 인간의 궁극적인 아름다움은 마음에서 결정되는 것인데, 의외로 많은 사람들이 이것을 잊고 외형을 치장하는 일에만 열을 올린다.

어떤 사람의 심리적인 의도 역시 자기도 모르는 사이에 얼굴의 일부분으로 드러난다. 예를 들어, 항상 남을 속이려는 사람의 얼굴은 어딘가 교활해 보인다. 느슨한 성격을 가진 사람은 늘 태평한 얼굴이고, 무척 덜렁거리는 사람의 얼굴에서는 그 분주함이 느껴진다. 또 하루하루의 삶을 강인한 의지와 신념으로 살아가는 사람의 그것은 씩씩하고 야무져 보인다. 이런 까닭에, 자신의 얼굴에 관심을 가지고 거울을 볼 때는 마음도 함께 들여다보는 시도가 필요하다. 이는 곧 자신의 마음을 가르치고 다스리는 경계가 되어 보다 긍정적인 마음가짐을 가지게 할 것이다.

아브라함 링컨은, '사람의 나이가 40세를 넘으면 자기 얼굴에 대한 모든 책임을 스스로 져야 한다.'고 믿었다. 그가 대통령이 되었을 때, 절친한 친구가 어떤 사람을 장관으로 추천했다. 그러나 링컨은 그를 만나본 뒤 거절하였다. 친구가 그 이유를 묻자 링컨은, 그의 얼굴이 마음에 들지 않기 때문이라고 말했다. 그러자 친구는, "단지 얼굴이 마음에 들지 않는다고 거절하는 것은 너무하지 않느냐?"고 링컨에게 따졌다. 그때 링컨은, "사람이 40세를 넘으면 자기 얼굴에 책임을 져야 한다."라고 대답했던 것이다.

앞에서 말한 것처럼, 사람은 자기 얼굴에 스스로의 의지대로 표정을 새긴다. 그것도 무려 40년간이나 되풀이된 일이라면, 자기 얼굴에 대한 책임은 분명히 자신에게 있다. 비록 부모의 얼굴을 닮고 태어났다고 하더라도, 그 후 오랜 세월 동안 자신의 마음이라는 도구로 새롭게 조각한 얼굴은 이미 처음의 그것이 아닌 것이다.

이렇듯 링컨은 사람의 얼굴이 그 자신의 마음을 그대로 반영하고 있다는 확신을 가지고 있었음이 분명하다. 그래서 자칫 남들로부터 독선적인 사람이라고 오해받을지도 모르는 거절의 이유를 분명하게 밝힐 수 있었던 것이다.

사람의 얼굴에 새겨지는 것은 마음뿐만이 아니다. 그 사람의 주변 환경 또한 얼굴 자체나 표정의 변화에 상당한 영향을 미친다. 갓 태어난 아기의 경우에는 시골 아이나 도시 아이나 외형상 별 차이가 없다. 그러나 조금만 자라면 그 분위기가 금방 달라지는 것이 보통이다. 시골 아이의 얼굴에서는 어딘지 시골티가 느껴지고, 도시 아이의 얼굴에서는 도회지적인 것이 느껴지는 것이다.

얼굴이 마음을 흡수하는 것과 마찬가지로, 시골 아이들은 시골의 환경을 마음으로 받아들여 얼굴로 표현한다. 물론 도시 아이들의 경우도 마찬가지이다. 자신의 얼굴이 마음의 창이라는 것에 대한 인식의 차이는 의외로 큰 것이다. 누구나 자기의 속내를 남에게 훤히 드러내 보이고 싶은 사람은 없다. 자기 혼자만이 간직하고픈 비밀도 있을 것이다. 은밀히 추진하고 있는 일도 있을 수 있다.

물론 모든 마음이 얼굴에 적나라하게 드러나지는 않는다. 대체적인 마음의 상태나 성격이 얼굴 표정에 반영된다는 것이다. 그러나 자신의 얼굴이 또 다른 자신을 드러낸다는 사실을 알고 있으면 아무래도 조심스러워질 수밖에 없다. 이것이 일종의 삶에 대한 가르침이나 행동의 경계가 되어, 좀 더 성숙한 인간이 되는데 도움이 되리라는 것은 틀림없는 사실이다.

밝은 마음은 얼굴도 밝게 만든다

일류 미용실에서 훌륭한 미용 전문가의 솜씨를 경험하는 것만으로 아름다워지는 것이 아니다. 진정한 아름다움이란 내면의 충실함에서 드러나는 것이다.

자신의 하루를 아름다운 마음으로 보내는 시간이 많으면 많을수록, 자기 얼굴에 아름다움을 새기는 시간 또한 많은 것이다. 이때 비로소 사람의 안팎이 아름다워진다. 이와는 반대로, 자신의 일상에 만족하지 못하거나 주변 사람들에 대한 불만으로 가득한 사람은 그만큼 많은 시간을 자신의 얼굴을 추하게 만드는 일에 할애하는 것이나 마찬가지이다. 이러면 무척 잘생긴 얼굴임에도 불구하고 상대방에게 좋지 않은 느낌을 주게 되는 것이다.

밝은 마음으로 생활하면 얼굴도 밝아지고, 어둡고 부정적인 마음으로 살아가면 얼굴도 어둡고 부정적인 이미지를 준다는 사실을 명심하라.

마음은 행동을 조종하는 핸들이다

자기 운명을 지배하려면 먼저 스스로의 마음을 다스리지 않으면 안 된다.

세상에는 불가사의한 일이 많다. 그중 하나는 예지력에 관한 것으로, 미래를 예측하는 능력을 소유한 사람들이 있다. 아직 일어나지 않은 사건이기 때문에 이를 미리 안다는 것은 상식적으로 설명되지 않는 불가능한 일인 것처럼 보인다. 그러나 어떤 예언가의 미래에 관한 예언이 현실로 나타나는 것을 보면, 참으로 놀라운 일이 아닐 수 없다. 이처럼 어떻게 해서 미래의 일을 알 수 있는가 하는 것에 대한 궁금증은 사실 매우 중요한 문제이다.

대개 인간은 자기가 볼 수 있는 것만을 믿으려고 하는 습성이 있다. 또한 어떤 사실을 인정하기까지, 그것을 눈으로 직접 확인하거나 그 근거라도 철저히 확인하는 과정을 거친다. 이는 인간의 육체적인 본능과도 관련이 있어서 빛은 눈으로, 소리는 귀로, 냄새는 코로, 맛은 혀로, 촉감은 손으로 만져봄으로써 확인하는 것이다. 따라서 누가 무엇을 알았다면, 그만큼 그 사람과의 신체적인 접촉이 있었을 가능성이 높다. 그러면 예언가들이 미래를 미리 알았다는 것은 이미 보았다는 것인데, 아직 나타나지도 않은 것과 만나는 일이 과연 가능한가?

가끔 막연한 짐작만으로 앞일에 대하여 아는 척하는 경우가 있다. 또는 '혹시나' 하는 마음에서 툭 던진 말이 운 좋게 맞아떨어질 수도 있다. 그러나 이것은 진정한 의미의 예언과는 거리가 멀다. 진짜 예언가, 즉 영적인 힘을 가진 영매들의 능력은 이와는 사뭇 다른 차원의 것이다. 그들의 예언에는 인간이 가진 육체적인 능력은 전혀 작용하지 않는다. 두 눈을 꼭 감은 채, 마치 정신을 잃은 사람처럼 무의식 상태에서 미래의 사실을 이야기한다. 어떻게 보면 극히 비현실적인 것이 그들의 예지력인 것이다.

이러한 무의식의 상태에 이른 영매들은 분명 무엇인가를 생생하게 보고 느낌으로써 그것을 말한다. 이는 각 나라의 심령학회가 실험한 결과로써 밝혀진 공통적인 사실이다. 과연 그들은 무의식 속에서 무엇을 보고 듣는 것일까. 분명 눈을 감았으니, 육체의 눈으로 보는 것이 아님은 확실하다. 더욱이 그들이 이야기하는 사물이나 사건의 정황들이 현재 나타나고 있는 것이 아니므로, 설사 눈을 뜨고 있다고 해도 보일 리가 없다. 그렇다고 그들의 예언이 어떤 짐작이나 통계에 의한 우연도 아니라는 것이 보통사람들을 당혹스럽게 만드는 것이다.

모든 영매들에게는 특별한 능력이 있다. 바로 인간의 육체에 붙어 있는 눈이 아닌 마음의 눈으로 현실 세계에는 없는 현상을 보고 파악하는 능력이다. 이른바 정신세계로의 여행을 가능케 하는 무의식적인 마음의 눈을 지니고 있는 것이다.

이것을 심령학자들은 다음과 같이 설명한다. 아직 현실 세계에는 없지만 앞으로 나타날 예정이라면 이미 '마음의 세계'에는 그 현상에 대한 상세한 계획이 통보되어 있다는 것이다. 만약 아직 실현되지 않은 미래의 일이 현실 세계에 없는 것처럼 마음의 세계에도 없다면, 아무리 마음의 눈이 있는 영매라고 해도 볼 수가 없다는 것이다.

마치 작가가 하나의 작품을 완성하기 전에 머릿속에서 구상을 하는 것처럼, 현실 세계의 모든 일도 마음의 세계에서 먼저 완성된 다음 적당한 때를 기다렸다가 현실화된다는 것이다. 그런 까닭에 뛰어난 영적 능력을 가진 영매들이 미래를 예언할 수 있는 것이라고 한다.

이처럼 현실 세계가 마음의 세계에서 비롯되듯이, 사람이 자기 운명을 지배하려면 먼저 스스로의 마음을 다스리지 않으면 안 되는 것이다. 이는 어느 개인의 문제일 뿐 아니라 나아가서는 한 국가의 운명이나 인류의 운명에도 똑같이 적용할 수 있다. 어떤 물리적인 힘보다도 국민들의 신념을 가장 큰 힘으로 믿었던 영국 수상 처칠의 예처럼, 모든 운명은 마음의 세계를 어떻게 가꾸느냐에 따라서 결정된다고 하겠다.

따라서 자신의 삶이 윤택하고 의미 있는 것이 되기를 바란다면 순간적인 얼굴 표정 하나에도 신중을 기해야 한다. 또 늘 긍정적이고 정의로운 마음을 가짐으로써 그것에 걸맞은 행동을 할 수 있다. 그러면 자신의 삶 전체가 더없이 밝고 즐거운 일로 가득해질 것이다.

마음이 행동을 결정한다. 어찌 보면 평범하기 그지없는 이 진리를 터득하지 못하는 사람은 결코 인생의 성공을 맛볼 수 없다.

마음이 행동을 결정한다

자기 운명을 지배하려면 먼저 스스로의 마음을 다스리지 않으면 안 된다. 따라서 자신의 삶이 윤택하고 의미 있는 것이 되기를 바란다면 순간적인 얼굴 표정 하나에도 신중을 기해야 한다. 또 늘 긍정적이고 정의로운 마음을 가짐으로써 그것에 걸맞은 행동을 할 수 있다. 그러면 자신의 삶 전체가 더없이 밝고 즐거운 일로 가득해질 것이다.
마음이 행동을 결정한다. 평범하기 그지없는 이 진리를 터득하지 못하는 사람은 결코 인생의 성공을 맛볼 수 없다.

당신의 삶은 당신의 몫이다

어떠한 상황의 주체가 자신이든 남이든 간에 해결의 출발점은 자기 스스로에게 있다는 것을 잊어서는 안 된다.

어떤 사람에게 지금 일어나고 있는 모든 일은 그로 하여금 다시 무언가를 하게 만든다. 즉 그 사람의 삶에 건설적이거나 파괴적으로 영향을 준다는 말이다. 과거의 사건과 경험에 대한 반응이 현재를 결정하며, 자신의 성격은 물론 남들에 대한 태도를 결정한다.

모든 사람의 삶에 적용되는 인과의 법칙에 있어서는 누구라도 예외가 아니다. 그것의 옳고 그름과 상관없이 자신의 사고는 모든 일의 결과와 상호 작용을 하는 것이다. 그러므로 삶의 수위를 조정하고 미래를 보장받기 위해서는 역경을 이기고 성공에 직면할 수 있는 철학을 가지고 있어야 한다.

서로 상반된 성공과 역경의 단계는 모든 삶에 있어서 시험의 조건이 되는 것이다. 남들보다 좋은 환경에서 최선을 다하지만 실패하는 사람이 있는가 하면, 현실적인 압박감 속에서 혹독한 역경을 이기고 값진 성공을 거두는 사람도 있다.

  삶은 누구에게나 끊임없는 기회를 제공한다. 이를 달리 말하면 할 것이냐, 하지 말 것이냐의 갈등을 초래하기도 한다는 의미이다. 어쩌면 자신에게 다가올지도 모르는 비극의 순간을 막기 위해서는 언제나 전력을 다하여 노력하지 않으면 안 된다. 또한 일단 어려운 상황에 처하더라도, 그때의 고통을 미래에까지 연결시킬 필요는 없다. 그렇게 되면 자신의 미래에 대한 두려움이 생기고, 그 두려움은 현재의 그것보다 훨씬 더 큰 비중으로 다가오는 것이다.

  결국 지금 벌어지고 있는 상황에 전력투구를 해야 함에도 불구하고, 후일의 일에 정신이 분산되어 효과적인 능력을 발휘할 수가 없다. 모든 문제는 차근차근 단계적으로 풀어 나가야 한다. 그러므로 문제를 완전히 해결할 때까지는 충분한 시간을 두어야 하는 것이다.

  또한 그 상황의 주체가 자신이든 남이든 간에 해결의 출발점은 자기 스스로에게 있다는 것을 잊어서는 안 된다. 그리고 그 즉시 행동에 옮겨야 한다. '사람은 나약한 존재이다. 나도 보통 사람이므로, 이것은 도저히 할 수가 없다.'는 따위의 말은 소용이 없다. 모든 가치 있는 업적은 용기 있는 시작에서 비롯되는 것이다.

  삶의 모든 계획은 그것의 주인인 한 개인으로부터 시작된다. 그러므로 자기 스스로에 대한 용기와 신념, 그리고 인내를 가지지 못하면, 제대로 된 계획을 세울 수가 없음은 자명한 일이다. 치열한 생존 경쟁이 벌어지고 있는 사회라는 이름의 전장에서 혼자 고군분투하고 있다는 고립감을 떨쳐버려야 한다. 항상 최선을 다하는 사람은, 또 다른 나와 함께 신이 돕는다는 것을 기대할 필요도 있는 것이다.

실패는 부끄러운 것이 아니다. 대개의 사람들은 실패의 경험도 상당한 가치가 있다는 것을 느끼지 못하는 수가 많다. 어떤 실패를 겪은 직후에는 그것에 대한 부담감과 가능한 한 잊어버리려는 마음 때문에 문제의 이면을 들여다보지 못하는 것이다.

물론 참혹한 실패는 한시라도 빨리 잊어버리고 싶은 경험이다. 두 번 다시는 꾸고 싶지 않은 악몽과도 같은 것이다. 하지만 불행하게도 삶에 부정적인 것의 뿌리는 유난히 생명력이 강해서 어느 틈엔가 다시 자라나 사람을 괴롭힌다.

그것을 무시하거나 의식하지 않으려고 하면 할수록 더욱 집요한 두려움의 형상으로 집요하게 고개를 쳐든다. 그래서 실패를 딛고 다시 재기하려는 몸짓을 가로막아 자신감을 잃게 하기도 하고, 그 사람의 능력을 감소시키기도 한다.

그렇다면 과거의 실패가 끝없는 영향을 미치는 이유는 무엇일까? 그것은 사람의 마음이 마치 대지와도 같기 때문이다. 사람의 의식이라는 토양에 뿌리를 내린 어떤 관념은, 그것과 같은 생각과 행동을 유도한다. 이것은 뿌린 대로 거둔다는 자연의 철칙과 꼭 닮아 있다. 그러므로 한 번의 실패는 또 다른 실패를 가져온다는 자학적인 관념을 완전히 배제하지 않는 한, 더욱더 많은 실패를 경험하게 되는 것이다.

'가진 자는 더 많이 가질 것이며, 가지지 못한 자는 있는 것조차 빼앗길 것'이라고 한다. 참으로 불공정하고 부당한 말이 아닐 수 없다. 그러나 이 말의 교훈은 따로 있다. 이른바 가진 자는 성공하기 위해서 노력하는 사람이다. 이런 사람에게는 자기가 가진 것이 소중한 자본이자 기반이다. 그러므로 더 많은 것을 가질 수 있는 위치에 쉽게 오를 수 있다. 이와 반대로 가지지 못한 사람은 아무것도 성취하지 못한 사람을 의미한다. 아무런 기반이 없는 그는 자칫하면 가진 것마저도 쉽사리 잃게 되는 것이다.

다시 말해, 어떤 목표를 이루기 위해서는 반드시 피와 땀을 흘려야 한다는 사실을 경험으로 깨우쳐야만 한다는 것이다. 현실적인 경험이 따르지 않는 말뿐인 계획만으로는 아무런 소득도 거둘 수가 없다. 따라서 실패했다고 주저앉아버리거나 도망치려고 해서는 절대로 극복하지 못한다. 시련의 어두운 그림자는 항상 사람의 뒤를 따라다닌다. 누구라도 이것으로부터 자유로울 수는 없는 것이다.

어떤 일에 실패했다고 느낄지라도 절망하거나 좌절할 필요는 없다. 모든 실패는 필연적으로 성공의 요소를 동반하고 있기 때문이다. 판단의 실수나 경험 부족에서 오는 모든 잘못은 오히려 실패를 성공으로 바꾸는 과정에 크게 기여한다. 지금의 좋지 않은 상황을 잘 들여다보고 냉철하게 평가함으로써 자신의 노력을 객관적으로 분석하면, 성공하지 못한 이유를 찾아낼 수 있다. 물론 자신을 발가벗기고 객관적인 평가를 한다는 것은 무척 괴로운 일이다. 그러나 당장 필요한 자기 보고서를 작성하지 않으면 그 사람의 삶은 또 다른 실패로 더 많은 것을 잃는다. 실패를 성공으로 바꾸기 위해서는 그것을 똑바로 대하는 방법을 익히는 것이 중요하다. 그런 다음, 과거의 그것보다 더욱 건설적이고 효과적인 계획을 끌어낼 줄 알아야 하는 것이다.

사람이 살아가는 데 있어 꼭 참고해야 할 두 가지가 있다. 하나는 자신의 경험이고, 다른 하나는 타인의 경험이다. 먼저 자신의 경험을 통해 무한한 잠재력과 가능성의 문을 활짝 열고, 남이 겪은 삶의 경험이 주는 교훈을 받아들여야 한다.

자신이 걸어가고 있는 길을 남들은 이미 지나갔거나 같이 걷고 있다는 사실에 주목할 필요가 있다. 또한 지금 자신이 하고 있는 일이 이미 늦었을지도 모른다는 생각을 버려야 한다. 이러한 패배주의를 벗어던져야만 과거의 경험으로부터 덧없는 즐거움과 이로

움을 동시에 얻을 수 있는 것이다.

　인간은 모두 불완전한 존재이다. 다만 완전한 존재가 되려는 끊임없는 욕구와 신념을 가지고 노력하는 독립된 자아를 가지고 있을 뿐이다. 곧 과거의 잘못과 실패에서 현재의 조건을 개선하고, 미래를 위한 대책을 준비하는 것이 인간 본연의 자세라고 하겠다. 그러므로 아무리 사소한 일일지라도 대충 지나치는 법이 없이 한결같은 마음으로 임하려는 삶의 자세가 필요한 것이다.

삶은 누구에게나 끊임없는 기회를 제공한다

　어떠한 상황의 주체가 자신이든 남이든 간에 해결의 출발점은 자기 스스로에게 있다는 것을 잊어서는 안 된다. 삶의 모든 계획은 그것의 주인인 한 개인으로부터 시작되는 것이다. 그러므로 자기 스스로에 대한 용기와 신념, 그리고 인내를 가지지 못하면 제대로 된 계획을 세울 수가 없음은 자명한 일이다. 누구에게나 공평하게 주어지는 삶의 기회를 어떻게 만드는가는 순전히 자신의 몫임을 잊어서는 안 된다.

적극적인 인생을 연출하라

해야만 하는 일이 있다는 사명감으로 가득 차 있는 사람은 어떤 역경에 처하더라도, 오히려 그것을 시련으로 받아들여 목적을 완수하려는 불굴의 투혼을 발휘하게 된다.

"나는 이제 아무런 희망이 없어. 언젠가는 친구들이나 부모형제들조차 날 버릴 거야. 요즘은 하는 일마다 꼬이고, 앞으로 어떻게 살아가야 좋을지 엄두가 나지 않아. 도무지 앞이 보이지 않는다구."

툭하면 이렇게 절망적으로 말하는 사람이 있다. 대개 그 심각한 얼굴 표정으로 보아 '그럴 만도 하겠다.'고 동정심이 생기기도 하지만, 사실 그런 사람을 좋아할 상대는 별로 없을 것이다.

이 같은 일말의 불안감은 누구든 한두 번쯤은 가지게 되는 것이다. 그럴 때는 대부분 '인생에 실패했다.'거나 '죽고 싶다.'고 말한다. 하지만 그런 심정을 고백하는 사람일수록 대개는 본심에서가 아니라, 자신의 존재 가치를 남에게 인정받고 싶다는 생각에서 상대방에게 하소연하고 위안 받기를 기대하는 것이다.

확실히 우리 주위를 살펴보면 너나 할 것 없이 어느 정도의 위선적인 태도를 볼 수 있다. 보이지 않는 곳에서는 천하에 못된 짓을 다하면서도 겉으로는 정말 선량한 체하는 사람들도 있다. 강한 자나 윗사람에게는 아첨하면서도 약한 자나 아랫사람에게는 함부로 대하는 소인배들도 있다.

앞에서는 온갖 감언이설을 늘어놓고 뒤에서는 상대방을 모함하는 사람, 말로는 자기가 이 세상의 구세주라도 되는 것처럼 떠벌리면서 일단 사태가 위험에 처하면 맨 먼저 달아나고 양심의 가책도 느끼지 않는 사람 등, 위선의 종류도 여러 가지다.

대개 위선이라는 것은 열등감에서 비롯되는 법이다. 누구나 건강하고 가정이 원만하며 하는 일이 잘 되고 육체적으로나 정신적으로나 경제적으로 걱정이 없는 행복한 나날을 보내기를 바라지만, 그런 바람이 언제나 척척 이루어진다고는 할 수 없다. 때로는 병마에 시달리거나 불황으로 사업에 실패하여 좌절하기도 하고, 나이를 먹어서는 점점 몸이 쇠약해져 힘없고 덧없는 나날을 보내지 않으면 안 되는 경우도 있다. 그럴 때면 자포자기 상태에서 힘든 현실을 잊기 위해 세상의 헛된 유혹에 빠지기도 한다.

그러나 아무리 보잘것없고 재미없는 나날일지라도, 모처럼 주어진 인생을 함부로 허비하거나 소홀히 해서는 안 된다. 우리들 인생에는 반드시 흥망성쇠가 있는 법이다. 한때 어려운 고비를 당한다 할지라도 눈앞의 고통만 보지 말고, 머지않아 기쁜 날을 맞이할 수 있다는 신념을 가지고 꾸준히 노력해야 할 것이다. 스스로 아무런 노력도 하지 않고 단지 좋은 날이 오기를 기다리고 있기만 해서는 결코 그런 날은 오지 않는다.

인생을 보다 적극적으로 살아가는 사람만이 화를 복으로 바꿀 수 있다. 절망의 맨 밑바닥까지 떨어졌을지라도 꾸준히 노력하면 절망을 희망으로 바꿀 수도 있다. 그러므로 어떠한 역경에서도 할 수 있다는 신념을 잃지 않는 것이 중요하다.

가령 누군가를 위해 반드시 해야만 하는 일이 있다는 사명감으로 가득 차 있는 사람은, 어떤 역경에 처하더라도 오히려 그것을 시련으로 받아들여 목적을 완수하려는 불굴의 투혼을 발휘하게 된다.

제2차 세계대전 중 아우슈비츠의 강제 수용소에서 학대를 받다가 구사일생으로 살아남은 유태인 빅토르 E. 프랭클이라는 심리학자는, 수용돼 있는 동안 수많은 유태인들이 중노동이나 영양실조로 차례차례 쓰러져 죽어가는 모습을 목격하면서 문득 자신의 아내를 생각했다고 한다. 그는, '내 아내는 지금 어디에 있을까. 그녀도 역시 이런 고통스러운 생활을 하고 있을까. 만약 그렇다면 그 몇 배의 고통이라도 좋으니 내가 대신 받을 수 있다면 소원이 없겠다.'하고 생각했다. 그러자 스스로 놀라울 정도로 용기와 힘이 솟아나 그때부터는 어떠한 학대라도 참고 견딜 수 있게 되었다고 한다.

프랭클 박사는 전쟁이 끝나자 무사히 풀려났는데, 그때의 체험을 다음과 같이 술회하고 있다.

"내 아내의 존재가 얼마나 굉장한 마음의 지주가 되어주었는지 모른다. 사람이 누군가를 진정으로 사랑하여 완전히 자기 자신을 무(無)의 상태로 만들면 놀라운 힘이 솟아나는 법이다. 더욱이 그 상대가 시간적으로나 공간적으로 완전히 떨어져 있을지라도 그 효과는 마찬가지이다."

미국의 정신분석학자 에릭 엘릭슨 박사도, '사람은 무엇인가 누군가를 위해서 필요한 존재가 되어야 한다.'고 했다. 자신을 송두리째 바칠 수 있는 상대가 있는 사람은 행복하다. 그럴 땐, '그 사람을 위해 내가 애쓰지 않으면 누가 그 일을 대신할 것인가. 그 사람을 행복하게 해주고 싶다.'는 헌신적인 에너지가 솟아나기 때문이다.

사람은 누구나 자기의 생애에서 한두 번쯤은 인생의 벽에 부딪히게 마련이다. 이럴 때 어떤 사람들은, '대체 이래도 좋은 것인가?' 하는 통렬한 자기반성을 통해 무력감이나 자기혐오에 빠지는 경우가 있다. 만약 이런 상황에 한 번도 처해 보지 않았다고 장담하는 사람이 있다면, 그는 지금까지 매우 행복한 나날을 보내왔거나 특출한 능력의 소유자임에 틀림없다. 그러나 그런 사람은 극히 소수의 행운아들이라고 할 수 있다.

 어쩌면 당신은 '나는 무엇 때문에 살고 있는가?' 하는 철학적인 고민이 아니라, 매일 매일의 일에 지친 나머지 그 괴로움을 누구에게 호소할 수도 없이 늘 무거운 기분으로 살아갈 수도 있을 것이다. 그럴 때는 점점 기분이 우울해져서 쓸모없는 자책감과 절망의 심연에 빠져들어, '이제 더 이상 살아갈 의욕이 나지 않는다.'는 절박한 심정이 되기도 한다.

 어떤 사람은 어려움에 처할 때면 언제나 머릿속으로 산에 오르는 장면을 상상한다고 한다. 가령 에베레스트 산 같은 높은 산을 자기가 배낭을 지고 올라가는 모습을 그려보는 것이다. 자기는 지금 중간쯤 이르렀는데, 벌써부터 숨이 턱에 닿아 있다. 한 발짝 오르고 한숨을 쉬고, 두 발짝 오르고 한숨을 쉬고, 그러고는 멈춰 서서 잠시 호흡을 가다듬는 자신을 상상해 보는 것이다. 그러다 보면, '이제 조금만 더 버티자. 저기 앞에 정상이 보이는데 여기서 포기할 순 없어. 이제 단숨에 정복할 수 있어.' 하는 오기가 생긴다는 것이다. 자기 자신의 일이라면 너무 힘겨워, '여기서 그만둘까, 좀 더 쉬어갈까, 아니면 이제 내려가 버릴까?' 하는 생각이 들기도 할 것이다. 남의 일이라고 생각하면, '버텨야 해, 좀 더 올라가!' 라고 상대를 격려할 수 있는 게 인간의 심리이다.

아마도 인생이나 일에 있어서 쉽게 절망해 버리는 것은 이와 같이 자기 자신을 객관화시킬 수 있는 마음의 여유가 없는 상태에서 나타나는 증세일 것이다.

평소에 지나치게 자기중심적인 사고방식에 젖어 있는 사람들이 종종 이런 어리석은 시행착오를 겪게 된다. 남을 돌보지 않고 자신의 입장만 내세우다가 어떻게 할 수 없는 지경이 되면, 누구에게도 도움을 청하지 못하고 그저 자포자기해 버리는 경우도 있다.

하루아침에 되는 일은 아니겠지만, 평소에 자기의 모습을 자신의 바깥에 두고 바라보면서 그 또 하나의 자기를 향해서 물어보고 대답을 얻는 연습을 해보자. 어쩌면 당신은 인생을 보는 방법을 조금 바꿈으로써 그렇게 보잘것없게만 느껴지던 자신에 대해서도 진지한 애정을 갖게 될 것이다.

자신을 격려할 뿐만 아니라 그런 자신을 불쌍히 여기고 웃어넘길 수 있는 사람은 멋있는 사람이다. 자기 자신을 객관화시킬 수 있는 사람이라면 자기라는 좁은 껍질을 타파하고 넓은 세계에서 자신을 내려다볼 수도 있다. 그런 경지에 이르면 이미 하찮은 아집 따위에 매달릴 필요가 없게 된다.

이것은 결코 자기 자신을 업신여기는 것이 아니라 지금까지보다 더욱더 자신을 소중히 키워 나갈 수 있는 방법으로, 인생을 보다 적극적으로 살아갈 수 있는 자신감과 용기가 샘솟게 될 것이다. 자기 자신을 긍정적으로 바라보는 것도 열등감으로부터 벗어나는 방법이 될 수 있다. 기억하라. 인생은 적극적인 사람들만이 승리하는 하나의 시험장이다.

 나는 무엇 때문에 살고 있는가

인생을 보다 적극적으로 살아가는 사람만이 화를 복으로 바꿀 수 있다. 절망의 맨 밑바닥까지 떨어졌을지라도 꾸준히 노력하면 절망을 희망으로 바꿀 수도 있다. 그러므로 어떠한 역경에서도 할 수 있다는 신념을 잃지 않는 것이 중요하다.

해야만 하는 일이 있다는 사명감으로 가득 차 있는 사람은 어떤 역경에 처하더라도, 오히려 그것을 시련으로 받아들여 목적을 완수하려는 불굴의 투혼을 발휘하게 된다.

평소에 자기의 모습을 자신의 바깥에 두고 바라보면서 그 또 하나의 자기를 향해서 물어보고 대답을 얻는 연습을 해보자. 누구를 위한 인생인가? 무엇 때문에 살아야 하는가?

중요한 일일수록
침착하게 처리하라

어차피 한 번뿐인 인생이라면 자신에게 주어진 일을 충실히 하고 그 다음은 하늘에 맡기는 것이 보다 지혜로운 삶을 영위하는 방법이라고 생각하라.

일본 사람이 손재주가 뛰어나다는 것은 국제적으로 정평이 나 있다. 손목시계, 카메라, 전자계산기, 테이프 레코드, 텔레비전, 스테레오 등의 정밀 기계는 일본이 세계 대부분의 시장을 독점하고 있다.

이것은 오로지 일본 사람들이 자신의 직업의식이 투철하다는 이유뿐만 아니라, 세밀한 곳까지도 손길이 미치는 꼼꼼한 성격이 정밀 기계 분야에서도 살려지고 있기 때문이다.

섬세하면서도 정교한 솜씨는 하루아침에 이루어지는 것이 아니다. 일의 모든 공정을 철저하게 마무리를 지으려면, 마음을 침착하게 가라앉히고 전념해야만 비로소 가능하다. 그렇게 하려면 단지 머릿속에서 정신 통일을 하는 것만으로는 부족하며, 실제로 몸짓과 손짓을 단정하게 고쳐나가지 않으면 안 된다.

우선 입을 꼭 다물고 시선을 한 곳에 집중하여 정좌하고, 아랫배에 힘을 주어 호흡을 가다듬어 보라. 이렇게 하면 한결 마음이 가라앉고 정신도 맑아지게 된다.

일찍이 우리 인류의 조상은 네 발 동물로서 손바닥으로 땅을 짚고 다녔기 때문에 어깨에 몸무게의 반 정도가 편중되어 있었다고 한다. 이와 같은 상태로는 가슴으로 호흡한다는 것이 불가능하기 때문에, 필연적으로 복식호흡을 할 수밖에 없었다. 그러던 것이 인간의 직립 보행이 가능해지면서 손이 번거로운 일을 도맡아 하게 되고, 어깨로 숨을 쉬는 습성이 들어 더욱 마음을 가라앉히지 못하게 되었다고 한다.

예로부터, '조급하게 허둥대는 거지는 동냥이 적다.' '급할수록 돌아가라.'는 속담도 있듯이, 마음을 조급하게 먹고서는 무엇 하나 제대로 되지 않는다. 세상이 어수선하고 복잡할수록 안정된 마음을 유지하며 바르게 처신하는 태도가 무엇보다도 중요하다.

자, 이제 마음이 평온한 상태로 돌아갔으면 지금부터 당신이 해야 할 일을 생각해 보는 것이다. 어쩌면 당신은 오늘도 또 하루를 아무런 하는 일도 없이 헛되게 보내고 말았다고 탄식하고 있을지도 모른다. 인생의 목적이나 그 과정을 즐길 줄 모르는 사람은 아무리 물질적으로 풍요로운 나날을 보내고 있을지라도 삶의 보람과 의욕이 없기 때문에, 단조롭고 지루한 일상을 이어가게 마련이다.

단 한 번밖에 없는 인생을 보람 없이 보내는 것도, 만족스럽고 생동감 있게 보내는 것도 우리 자신의 마음가짐 여하에 달려 있다. 어차피 한 번뿐인 인생이라면 자신에게 주어진 일을 충실히 하고 그 다음은 하늘에 맡기는 것이 보다 지혜로운 삶을 영위하는 방법이라고 생각하라.

이 세상에는 무슨 일이 있어도 반드시 해야 할 일과 하지 않아도 좋은 일이 있다. 성실한 사람은 그것을 구분할 수 있지만, 그렇지 못한 사람은 하지 않아도 되는 말초적인 것에 사로잡혀 쓸데없이 시간을 낭비하고 만다.

가령 시험을 치를 때, 성실한 사람은 출제자가 무엇을 기대하고 있는지 문제의 포인트를 재빨리 알아차려서 적절한 해답을 찾아내지만, 그렇지 못한 사람은 장황하게 정답의 주변을 헤매다 문제의 핵심을 놓쳐버리고 만다. 그는 정확한 답을 모르기 때문에 그저 제멋대로 횡설수설하고 있다고 해야 할 것이다.

"사람이 독이 묻은 화살을 맞았을 때, 그 화살을 뽑지 않고 도대체 이 화살을 누가 쏘았을까, 무슨 독이 묻어 있을까 따위를 놓고 고민하다 보면 대답을 찾아내기도 전에 독이 몸 전체로 퍼져 목숨을 잃게 될 것이다. 이럴 때 가장 시급한 일은 우선 독화살을 뽑아 버리고 상처를 치료하는 것이다."

석가의 가르침이다.

침착하게 전념할 수 있어야 한다

예로부터, '조급하게 허둥대는 거지는 동냥이 적다.' '급할수록 돌아가라.'는 속담도 있듯이, 마음을 조급하게 먹고서는 무엇 하나 제대로 되지 않는다. 세상이 어수선하고 복잡할수록 안정된 마음을 유지하며 바르게 처신하는 태도가 무엇보다도 중요하다.

우선 입을 꼭 다물고 시선을 한 곳으로 집중하여 정좌하고, 아랫배에 힘을 주어 호흡을 가다듬어 보라.

적극적으로 남을 도와라

신용이라는 것은 다른 사람의 기대에 어긋나지 않는 데서 얻어지는 것이다.

옛날 어떤 절에서 한 스님이 제자들을 가르친 일이 있었다. 어느 날, 동네에서 장난꾸러기로 소문난 악동이 절로 쫓겨 들어왔다. 그의 부모는 그가 절에 들어가면 마음을 고칠지도 모른다고 생각하여 부모 자식 간의 인연을 끊었던 것이다.

그런데 그 아이는 입산을 하고서도 여전히 장난이 심한 것은 물론, 절에서 보물을 훔쳐내어 근처의 골동품 가게에 팔아넘기는 못된 짓을 서슴지 않았다. 아이에 대한 나쁜 소문은 순식간에 모든 사찰 식구들에게 알려지게 되었고, 제자들이 모여서 협의한 끝에 큰스님께 그를 내보내도록 간청하게 되었다. 그런데 며칠이 지나도 큰스님은 악동을 내보낼 마음이 전혀 없는 듯했다. 더구나 악동의 행동은 나아지기는커녕 날이 갈수록 더 심해질 뿐이었다.

이에 제자들은 매우 실망하여 큰스님에게 하루 속히 악동을 내보내라고 거듭 요청했다. 그러면 큰스님은 하루만 더 기다려보자고 할 뿐이었다. 다음날이 되어도 이 악동의 신변에는 아무 일도 일어나지 않았다. 이렇게 되자 다른 제자들은 더 이상 참지 못하고 큰스님을 노려보며 다그쳤다.

　"만약 이 못된 녀석을 내보낼 생각이 없으시다면 우리가 절을 나가겠습니다."

　이 말에 온화하게 미소 짓고 있던 큰스님이 대답했다.

　"너희들이 그렇게 나가고 싶다면 나가지 그러느냐?"

　제자들은 깜짝 놀라서 반문하였다.

　"왜 저 악동을 내보내지 않고 우리들을 내보내려는 것입니까?"

　"왜냐하면 너희들은 이제 이미 한 사람 몫을 할 수 있으니 언제 절을 나가도 상관없지만, 그 애는 다르다. 그 애는 절에서 쫓겨나게 되면 갈 곳이 없지 않겠느냐?"

라고 큰스님이 대답했다. 처음에는 제자들이 큰스님의 말뜻을 이해할 수 없었지만, 얼마 지나지 않아 점점 악동에 대한 큰스님의 따뜻한 자비심에 감동하여 자신들의 잘못을 뉘우치게 되었다. 우연히 큰스님과 동료들이 자신 때문에 주고받는 이야기를 엿듣게 된 악동 또한 뭔가 느낀 바가 있었던지, 그 후로는 사람 됨됨이가 달라졌다고 한다.

이 큰스님은 악동을 구하는 것이 자기가 해야 될 지극히 정당한 임무라고 생각했기 때문에, 굳이 위험을 무릅쓰고 모험을 했던 것이다. 참된 인간성을 찾아내는 수단과 목적을 구별할 수 있는 사람은 주위 사람들의 말초적인 사고방식에 동요되지 않고 확고한 태도를 취할 수 있다.

세상에는 신용할 수 있는 사람과 신용할 수 없는 사람이 있다. 신용이라는 것은 다른 사람의 기대에 어긋나지 않는 데서 얻어지는 것이다. 아무리 본인이 일을 잘 해낼 수 있다고 떠벌리더라도 실제로 결과가 좋지 못하다면 아무도 신용해 주지 않을 것이다.

주위에서 '저 사람이라면 일을 맡겨 놓아도 안심이 된다.'는 말을 들을 정도가 되어 그 기대에 어긋나지 않게 일을 해냈을 때에야 비로소 신용이 생기는 것이다. 즉 신용은 자기 자신이 장담하는 것이 아니라 상대방이 인정하는 것이다.

그런데 사람의 심리란 묘한 데가 있어, 일단 주위 사람들로부터 좋은 평판을 듣고 실력을 인정받게 되면 어느 틈엔가 교만한 마음이 싹트기 쉽다. 가령 업무상의 일을 오직 자신만이 할 수 있다는 자만심이 생겨 일을 혼자 독점하고 남에게는 알려주지 않으려는 경향이 있다.

가령 예능을 배우는 일이나 전통을 계승하는 비법 등을 전수할 때도, 바로 그와 같은 경우가 생긴다. 과거에는 한 제자가 스승의 비법을 고스란히 전수하려면 수십 년, 혹은 스승의 임종 직전까지 가는 경우도 있었다. 만약 비법을 전한다고 해도 그 대상은 직접 가르침을 받은 제자뿐이지 대중적으로 공개되는 것은 아니었다.

물론 그 기분을 모르는 것은 아니지만, 이래서는 언제까지나 소수의 인원들만 중요한 일을 독점하고 다른 사람은 들러리에 불과하다. 그러므로 그 사람이 없으면 우왕좌왕할 수밖에 없다. 정보를 공유하는 것은 남을 돕는 동시에 사회를 돕는 일이다. 나 말고는 누구도 그 일을 대신할 수 없다는 자만심을 버려라.

사실 따지고 보면, 일의 책임자는 누구나 될 수 있는데 스스로 일을 독점하는 것은 다른 사람들에게 피해를 입히는 것과 똑같은 행동이다. 스스로는 일에 대해서 아무리 대단한 자부심을 갖고 있을지라도, 다른 사람들은 그가 없는 편이 낫다고 생각할 수도 있기 때문이다.

우리 사회는 확실히 유능하고 수완 있는 사람을 필요로 하는 것이 사실이다. 하지만 그와 같은 사람만이 두드러지고 다른 사람은 쓸모없는 존재로 인식된다면 사회적인 발전을 기대하기 어렵다. 누구나가 그 성격이나 자질에 따라 각각 자기 나름대로의 능력을 발휘할 수 있는 사회가 될 때, 비로소 더불어 사는 삶이 가능해지는 것이다.

일의 독점은 다른 사람에게 피해를 주는 것이다

소수의 인원들만 중요한 일을 독점한다면 다른 사람은 들러리에 불과할 뿐이다. 그러므로 그 당사자가 없으면 우왕좌왕할 수밖에 없다. 정보를 공유하는 것은 남을 돕는 동시에 사회를 돕는 일이다. 나 말고는 누구도 그 일을 대신할 수 없다는 자만심을 버려라.

일의 책임자는 누구나 될 수 있는데 스스로 일을 독점하는 것은 다른 사람들에게 피해를 입히는 것과 똑같은 행동이다. 스스로는 일에 대해서 아무리 대단한 자부심을 갖고 있을지라도, 다른 사람들은 그가 없는 편이 낫다고 생각할 수도 있기 때문이다.